José Manuel García González

SEA FELIZ... ESTOICAMENTE

MEDITACIONES Y ACTIVIDADES DE FILOSOFÍA ESTOICA PARA LA VIDA COTIDIANA

Primera edición: febrero, 2022

Editorial Arcopress • Desarrollo personal
Edición: Ana Belén Valverde Elices
Maquetación: Regina G. Cribeiro
Diseño cubierta: Teresa Sánchez-Ocaña

Síguenos en @AlmuzaraLibros

Imprime: Coria Artes Gráficas
ISBN: 978-84-17057-92-3
Depósito Legal: CO-1449-2021
Hecho e impreso en España - *Made and printed in Spain*

Índice

Dedicado a mi hijo Carlos,
en busca de su fortuna.
Y a mi padre, que alcanzó la suya.

I. INTRODUCCIÓN

Voy a acompañarle en este libro para que encuentre momentos, motivos y estrategias de reflexión a partir de la filosofía estoica. ¿Para qué pensar y reflexionar? Para detenerse un momento en medio de la prisa con la que nos movemos e intentar el camino de la felicidad.

En la felicidad se encuentra el último objetivo que le propondrán cualquier filosofía y cualquier religión y cualquier partido político y cualquier sistema social, aunque lo llamen de muchas maneras. Incluso hay quienes dicen que tenemos un exceso de propuestas de felicidad, que hay que buscar otros motivos…, pero nunca he conocido a nadie que no quiera, en último extremo, ser feliz.

Cuestión importante para resolver: ¿en qué consiste la felicidad? Aquí sí hay divergencias notables, por eso conviene pararse a pensarlo. Con el nombre de felicidad le van a ofrecer de todo, normalmente con algún coste: consumo de objetos, consumo de personas, otros mundos, otras vidas, etc. Según la oferta, así se presentará el producto: fácil y deseable en la publicidad; con ciertas obligaciones y renuncias para el más allá; con colorines y música en las plataformas de enamoramientos.

Aristóteles (siglo IV a. C.) se dio cuenta de este problema e hizo una descripción de la felicidad que sigue vigente hoy en día, como tantas otras cosas que dijo. Afirmó que la felicidad es una actividad, o sea, algo que hay que hacer, un objetivo por el que trabajar, una meta constante. Si la felicidad consistiera en estar sin hacer nada, las piedras serían los seres más felices del universo. También afirmó que tiene que consistir en una actividad constante, que no se trata de algo de quitar y poner. Además, tiene que ser autosuficiente, es decir, que dependa de uno mismo, porque si dependiera de otros, de premios, de honores, de alabanzas, ya no estaría en mi poder ejercer esa actividad. Y, además, tiene que consistir en una actividad constante autosuficiente de tipo intelectual, porque la razón es lo propio de los seres humanos y que nos diferencia de los animales. Si la felicidad consistiera en vivir mucho, un árbol alcanzaría más felicidad que un ser humano; si se tratara de comer mucho, un elefante engordaría de felicidad cada día; si pusiéramos la felicidad en ser más fuerte, un oso o una ballena la conseguirían sin más. En lo de intelectual le sale a Aristóteles el filósofo que llevaba dentro, pero fíjese que lo que dice es tan sencillo como que hay que pararse a pensar lo que hacemos, porque pensar nos humaniza.

La felicidad es actividad constante autosuficiente de tipo intelectual

La lectura del texto de Séneca que viene más adelante le aclarará el significado de esta frase más aún. Desde otros lugares le dirán que hay que hacer, creer, comprar, salir, entrar… Los filósofos le dirán que hay que pensar, no sea que, pretendiendo ir en una dirección, vayamos en la contraria. Y como nos hemos preparado tanto para ir deprisa, vayamos ciertamente deprisa en dirección opuesta a donde se encuentra la felicidad.

Para navegar un mar tan inmenso de propuestas sobre nuestro tema he escrito este libro. Con la intención de proporcionar herramientas para ejercer esa actividad de la que hablaba Aristóteles, lo he dividido en cuatro partes con contenidos diferentes.

En la primera le propongo unas acciones preparatorias para facilitar y fomentar la reflexión y una manera diferente de mirar a las cosas a partir de la filosofía estoica de la observación y de tener una mirada tranquila sobre el universo, la naturaleza y la vida humana. En muchas ocasiones nos pueden las prisas y nos arrastra la urgencia de la vida cotidiana, que nos impide un momento de calma. Otras veces se impone justamente lo contrario, la indolencia, la falta de ganas para intentar salir de un círculo de pereza.

Para conseguir vencer esas dificultades, podemos empezar a poner en práctica sencillos movimientos mentales y espirituales, sin prisa y sin agobios. Tan solo un paso marca el comienzo del camino más largo que se pueda pensar y hacer. La constancia en mantener un ritmo cómodo y seguro lleva a la meta. Aquí no interesan ni la rapidez ni la urgencia, tan solo mantener el paso constante; cada uno de los pasos ya es una meta.

En un segundo momento, le propongo la lectura de *La vida feliz* de Séneca. Lo he traducido del latín de manera que se pueda leer con facilidad en español y aprovechar sus reflexiones sobre la felicidad y otras cuestiones que trata. En Séneca siempre encontrará a un autor muy recomendable. No digo para estar de acuerdo con él en todo, sino porque provoca reflexiones interesantes sobre distintos aspectos de la vida. Perteneció a la escuela estoica de filosofía, que desarrolló un tipo de pensamiento que nunca ha perdido vigencia y muy apropiado para nuestro tiempo.

En la tercera parte he coleccionado 205 reflexiones de diferentes filósofos estoicos, el propio Séneca, Marco Aurelio, Epicteto y Michel de Montaigne, estoico varios siglos después de los anteriores. También incluyo frases de Epicuro de Samos, al que Séneca cita frecuentemente porque, aunque no pertenecía a su escuela, reconoce en él a un hombre lleno de sabiduría. En efecto, Epicuro no es estoico, sin embargo, advertirá, cuando hablemos de él, que procura una vida frugal de control sobre sí mismo de manera semejante a los estoicos.

Se trata de reflexiones que le acompañarán en este camino de meditar, como amigos que nos siguen hablando a través de sus libros, de sus palabras y dichos pronunciados hace siglos, pero que no han perdido vigencia ni vigor. Al leerlos, nos regalan de nuevo sus pensamientos e inquietudes, lo que a ellos les pareció mejor para ayudar a las personas. De todos ellos nos separan años y contexto cultural. Vivieron en épocas muy distintas a la nuestra y, sin embargo… Al igual que a nosotros, les preocupaban las cuestiones esenciales que nos interesan a todos los seres humanos. Y en eso, no ha habido cambios. Y no los habrá mientras los seres humanos seamos seres humanos. Podrán variar las cosas a nuestro alrededor, la forma de trabajar, las construcciones, las ciudades, etc., pero buscaremos siempre lo que nuestra propia consistencia y naturaleza requiere: vivir felices.

Por último, he adaptado libremente un diálogo entre Boecio y la Filosofía. En este diálogo, Boecio, filósofo romano, encarcelado y condenado a muerte, encuentra consuelo a su desgracia recurriendo a la Filosofía, que le muestra la manera en que se puede afrontar la buena y la mala suerte, la forma en que se consigue enseñorear la propia vida.

Comenzaremos por unas breves semblanzas de los filósofos a los que vamos a leer/escuchar a lo largo de estas páginas para situarlos en su lugar y momento.

II. ESTOICOS Y EPICÚREOS

Le voy a contar brevemente quiénes son estos filósofos a los que llamamos estoicos, además de algo sobre Epicuro. No quiero darle una clase ni escribir un tratado de filosofía. Solo pretendo situarle en el ambiente en el que se movieron y por qué hoy en día siguen teniendo unas ideas muy interesantes y actuales para meditar y ayudarnos en nuestra vida cotidiana.

Los estoicos fueron filósofos que formaron una «escuela», algo así como una corriente, una tendencia de filosofía con puntos y reflexiones que guardan cierto parecido entre sí. En este libro hemos puesto citas de algunos de ellos: Séneca, Epicteto y Marco Aurelio. Fue fundada por Zenón de Citio en el 301 a. C., es decir, que si calculamos, entre Zenón y Marco Aurelio, nacido en el 180 d. C., pasaron seis siglos, y si lo hacemos con Montaigne (1533), prácticamente 20 siglos. Y no dudo en decirle que todavía hoy se pueden encontrar «estoicos prácticos», porque la sabiduría estoica resulta muy apropiada para nuestra época, quizá más que para otras.

Ya hemos dicho que lo que conocemos como estoicismo o escuela estoica se fundó por Zenón de Citio (Chipre, 336-264 a. C.), quien abrió en 306 una escuela en Atenas, en un lugar llamado *Stóa poikilé,* que significa «pórtico pintado», y de ahí el nombre de estoicismo (*stóa*).

El estoicismo tuvo diversos periodos. Se llama estoicismo medio al que transcurre entre 200-50 a. C. A partir del 135 el estoicismo penetró en Roma e influyó en importantes personajes de la vida pública romana, no solo en filósofos, también en políticos como Escipión, Pompeyo y Cicerón y, con gran éxito, entre la población. De hecho las doctrinas estoicas casan muy bien con el carácter romano, y yo diría que también con eso que conocemos como carácter castellano.

El estoicismo de la época imperial tuvo como figuras destacadas al cordobés Séneca (4 a. C.-65 d. C.), tutor de Nerón; al esclavo Epicteto (50-130) y al emperador Marco Aurelio (121-180). Ya ve que estaba presente en todas las clases sociales. Sostenían que el universo estaba dirigido por una razón divina que gobernaba el destino de todas las cosas y de los hombres. No se podía luchar contra ella. Por eso el sabio debía aprender a vivir de acuerdo a la naturaleza, es decir, de acuerdo con esa razón universal. El sabio tiene que aceptar con serenidad el destino que le corresponde mediante el autocontrol y el dominio de las pasiones y deseos. De esa manera se llega a la serenidad, a la tranquilidad de ánimo o «ataraxia».

La filosofía estoica abarca los diversos temas de la filosofía, conocimiento, metafísica, lógica…, pero estos autores están fundamentalmente interesados en los temas morales y en hacer de la filosofía algo práctico que ayude a las personas a orientar su vida. Este interés dio lugar a una filosofía muy sistemática y coherente, influyó directa y profundamente en el cristianismo y se mantuvo a lo largo del tiempo. Volvió a ponerse de moda en los siglos XVI y XVII en Europa y llega vigorosa hasta nuestros días, momento en que florecen las publicaciones que tienen como motivo o inspiración el estoicismo.

Séneca

Si hubiera que citar a un filósofo conocido por sus frases y sentencias, este sería Séneca. A lo largo de la historia y hasta nuestros días se han recogido sus pensamientos en gran cantidad de colecciones.

Nació en Córdoba en el año 4 después de Cristo y murió en el año 65. En Roma vivió con su tía Marcia, y allí se educó. El filósofo Atalo lo introdujo en el estoicismo, del que llegó a ser uno de sus máximos representantes. En el año 51, Agripina consiguió que lo nombraran preceptor de Nerón, y en el año 54, a la muerte de Claudio y subida al poder de Nerón, se le nombró consejero imperial junto a Sexto Afranio Burro. En el año 65 lo acusaron de formar parte de la conjura de Pisón contra Nerón. El descubrimiento de esta conjura contra su persona le sirvió a Nerón para desembarazarse de muchos de los que consideraba sus enemigos, entre ellos Séneca, a quien ordenó darse muerte, lo cual hizo cortándose las venas mientras se bañaba.

Séneca nos ha dejado obras que no dudo en recomendarle. Trata temas variados en relación a la vida moral, aunque también escribió sobre lo que hoy llamaríamos ciencias naturales y otras cuestiones. Algunos de sus títulos: *Sobre la Ira, Consolación a Marcia, Sobre los Beneficios, Sobre la Brevedad de la vida, Sobre la vida feliz* y una colección de *Cartas a Lucilio.*

En las *Cartas a Lucilio* se aprecia de manera especial esa cualidad del filósofo como acompañante de un amigo al que habla, aconseja, enseña, advierte, comenta y aprecia. La filosofía aplicada a la vida, sin dejar por eso de lado temas teóricos o explicaciones profesionales, recorre esas cartas de manera activa e intentando llegar como palabras eficaces hasta su amigo. Le recomiendo vivamente que lea esas cartas. A veces el lenguaje de estos autores de hace tanto tiempo nos desanima, pero léalas despacio, medítelas. Por ellas fluyen sabiduría y sentido común.

Séneca influyó mucho en la moral cristiana, llegaron a llamarle «nuestro Séneca», eso sí, en ciertas cosas, porque su opiniones sobre el suicidio, por ejemplo, fueron silenciadas. Ha sido recordado a lo largo de los siglos, especialmente a través de colecciones de sentencias que se leían como breviarios. Aquí vamos a proponer algunas de ellas siempre interesantes, evocadoras y llamativas.

Séneca amasó una gran fortuna, una de las más grandes fortunas del imperio romano. Esto parece estar en contradicción con su doctrina. En la obra que le invitamos a leer más adelante, *Sobre la Felicidad*, responde a cómo vivir con las riquezas, en parte debido a esas acusaciones que le hacían. Ciertamente, no era un santo, pero sus reflexiones nos proporcionan ideas para tratar con las cosas, con nuestras propias riquezas y querencias. Precisamente este rasgo suyo nos permite ahora reflexionar acerca de nuestro trato con las cosas, especialmente cuando la vida es desahogada y sin problemas económicos.

Epicteto

Epicteto nació en Hierápolis, que está en la actual Turquía, en el año 50, y murió en Nicópolis, en la actual Grecia, en 125. Fue esclavo de Epafrodito, un liberto de Nerón. Se dedicó a la filosofía una vez emancipado. Conservamos de él un libro denominado *Disertaciones* y otro llamado *Enquiridión,* que es una colección de sentencias.

Estudió con el filósofo estoico Musonio Rufo. Este fue desterrado por Nerón y, tras la prohibición de los filósofos y matemáticos en Roma —sí, los prohibieron— decretada por el emperador Domiciano en el año 92, marchó a vivir a Nicópolis (Grecia), donde fundó una escuela. Él no escribió nada, pero conservamos su pensamiento a través de su discípulo Flavio Arriano.

Fue un hombre austero y solitario. Enseñó y practicó el estoicismo en busca de la libertad e independencia del espíritu. Afirmaba que el hombre será libre si utiliza y cultiva aquello que es suyo —su pensamiento, su voluntad—, si controla las pasiones, y será libre respecto a las cosas externas si las considera como ajenas antes que como propias. Como ve, al igual que en Séneca, se pone de relieve la razón y el desapego de las cosas.

Sus pensamientos siempre contienen motivos para pensarlos despacio, porque late en ellos la sabiduría de alguien que utiliza su razón para explicarse el mundo. Las citas que proponemos aquí están tomadas de su libro titulado *Enquiridión,* que significa «manual».

Marco Aurelio

Marco Aurelio nació en Roma en 121 y murió en Viena en 181. De procedencia hispana, fue adoptado por Antonino Pío en 138.

Estudió retórica y pronto le atrajo la doctrina estoica. Fue nombrado césar en 139, cónsul en 140 y 145 y emperador en 161. Reinó durante un periodo convulso, con muchas guerras y problemas en el imperio. De temperamento pacífico, se vio obligado a la guerra. Luchó con los germanos, a los que arrojó más allá del Danubio, con los partos, marcomanos y sármatas entre otros, es decir, que se pasó media vida en la guerra alguien que la detestaba.

Desde antes de ser emperador, Marco Aurelio solía escribir de manera continua y lo siguió haciendo, primero en latín y luego en griego. Su filosofía es estoica, no tan riguroso como Epicteto, menos filósofo que Séneca, pero muy íntimo y personal. Dotado de gran sentido común y excelente experiencia de estado y en la guerra, conoció profundamente al ser humano, sus posibilidades, logros y miserias, sus aspiraciones y necesidades, como se muestra a lo largo de sus reflexiones.

Escribió las *Meditaciones,* de donde hemos extraído las citas que ponemos a continuación. La obra comprende doce libros que recogen múltiples meditaciones propias sobre temas diversos, siempre con la llamada al uso de la razón, a la contención, honradez, cultivo de las virtudes y desprecio de los vicios. En este libro siempre se encuentran motivos para reflexionar sobre uno mismo con calma. No utiliza su filosofía para decir lo negativo y penoso de nuestras actuaciones como podría hacer un predicador, sino que encuentra razones para que pensemos sobre las cuestiones importantes y sobre las cotidianas.

Michel de Montaigne

Michel Eyquem, señor de Montaigne, nació en Périgueux, Francia, en 1533 y murió en Burdeos en 1592. Encontramos en él a uno de estos personajes tremendamente activos que tienen tiempo para estudiar, para escribir, para la política, los negocios… y la filosofía.

Su obra principal, los *Ensayos,* tiene una importancia capital en el desarrollo del pensamiento. A partir de ella se forma el moderno género del ensayo, esa forma peculiar de literatura que suelen utilizar ahora los filósofos o quienes quieren dar a conocer su pensamiento sobre un tema concreto.

Nació en una familia de comerciantes bordeleses que accedió a la nobleza al comprar la tierra de Montaigne en 1477. Estudió Derecho en la Universidad de Toulousse. A partir de 1554 fue consejero en la «Cour des Aides» de Périgueux, y después formó parte del Parlamento de Burdeos, donde conoció a Étienne de la Boétie. A la muerte de su padre heredó la propiedad y el título de señor de Montaigne. Como ve, tuvo una intensa vida política y diplomática.

Admirador de Lucrecio, Virgilio, Séneca, Plutarco y Sócrates, hablaba latín como lengua materna, quiero decir que lo hablaba igual que el francés. Su padre se lo hizo estudiar desde pequeño, así que conocía la Antigüedad clásica como su propia época. Fue un humanista que tomó al hombre, y en particular a él mismo, como objeto de estudio. A partir de 1571 pudo cumplir su deseo de retirarse a sus propiedades para dedicarse al estudio y la meditación, y comenzó a redactar los *Ensayos,* su obra maestra. La primera edición de los *Ensayos* apareció en 1580. La segunda edición, en 1582, mientras era alcalde de Burdeos.

En 1588 se realizó una nueva edición aumentada de los *Ensayos.* Con motivo de esta nueva publicación, conoció en París a Mademoiselle de Gournay. Ella se encargó de la última edición de los *Ensayos,* que completó una vez retirado después de haber sufrido prisión en la Bastilla en 1589. Si repasa a los hombres y mujeres que han tenido relevancia en la cultura en Europa, encontrará una larga lista de «mártires» del pensamiento... Quizá Sócrates sea de los más conocidos, pero antes que él, Anaxágoras, y después otros muchos: Giordano Bruno, Galileo, Espinoza y tantos otros. Hasta al mismo santo Tomás de Aquino le condenaron varias de sus ideas... Esto del pensamiento se puede considerar una actividad de riesgo.

Montaigne continuó extendiendo y revisando sus *Ensayos* hasta su muerte, acaecida en 1592 en el castillo que lleva su nombre, en cuyas vigas del techo hizo grabar sus citas favoritas, buena idea para decorar las paredes y techos propios. En él encontramos a un escéptico moderado que ve su vida y las de sus contemporáneos con ironía y un fino sentido del humor. Racionalista, relativista, es capaz de abordar todos los temas desde la tolerancia. Las citas de Montaigne las he tomado de los *Ensayos.*

Epicuro de Samos

Epicuro nació en la isla Samos, que pertenece a la actual Grecia, en 342 a. C. y murió en Atenas en 270 a. C. En esa isla pasó su infancia y juventud. Más tarde, vivió en Colofón. A los 18 años marchó a Atenas y viajó por la Hélade.

Junto con otros, entre ellos su hermano Timócrates, fundó una escuela en Atenas conocida como Jardín. Esta escuela del Jardín se hizo famosa por cultivar la filosofía y la amistad. También estaba abierta a mujeres, esclavos y personas no aristócratas, al contrario que la de Platón y Aristóteles. Llevaban una vida muy sobria, se alimentaban de manera vegetariana y siempre muy moderadamente, controlando en todo momento tanto al cuerpo como a lo que ellos denominaban alma. Ya puede imaginar que admitiendo a tales socios y practicando esas actividades, no estaría bien vista... La mala fama les ha perseguido a lo largo de la historia.

Y además, se les ocurrió decir que el objetivo de la filosofía consiste en la felicidad mediante la búsqueda del placer. Un placer reposado y sereno, calculado por la razón mediante la prudencia y que evite el dolor. Para ello, hay que eliminar el miedo a la muerte, a los dioses, a la pobreza, al dolor. No parece fácil, aunque ciertamente perseguimos cosas más difíciles de conseguir que las que proponía Epicuro, que se centraba fundamentalmente en controlar los deseos.

A Epicuro se le asoció con la vida licenciosa, por aquello de que buscaba el placer. Nada más lejos de la verdad. Sufrió de enfermedad casi toda su vida, llevaba una vida austera, frugal y se dedicaba a la filosofía y a la amistad. Séneca, de orientación filosófica muy distinta a la suya, no duda en citarlo y en comentar sus frases.

El placer del que hablaba Epicuro consistía fundamentalmente en la ausencia de dolor del cuerpo y en la tranquilidad del alma, y en lo que podríamos llamar placeres intelectuales. Es decir, cultivar la razón, fomentar la amistad y el intercambio de pareceres junto con el estudio de la naturaleza. Algo así siempre resulta peligroso, porque altera todo el orden encaminado a considerar a las personas como productos, a los seres humanos como consumidores y objetos.

Según Diógenes Laercio, un estudioso del siglo III d. C. que escribió una obra titulada *Vida de los más ilustres filósofos griegos,* Epicuro llegó a escribir 300 libros, pero solo nos han llegado varias cartas y fragmentos dispersos. Esto nos ocurre frecuentemente con autores de la Antigüedad, sabemos que escribieron mucho, pero apenas conservamos escritos suyos. El soporte de la información en la Antigüedad desgraciadamente no ofrecía ni seguridad ni solidez.

Los textos de los que disponemos son la *Carta a Idomeneo* (que es a la vez el testamento de Epicuro, escrita el mismo día de su muerte), la *Carta a Meneceo,* la *Carta a Herodoto,* así como la *Carta a Pitocles*, las *Máximas capitales* y los *Escritos Vaticanos*, estos dos últimos una colección de sentencias.

Los pensamientos escogidos que aquí aparecen están tomados de la *Carta a Meneceo,* la cual le recomiendo vivamente. En ella se desarrolla la filosofía de Epicuro acerca de la vida de los seres humanos y su moral. Como a los restantes filósofos griegos, le interesaba la filosofía como guía para la vida. Por eso no duda en aconsejar, además de explicar y ofrecer su experiencia en esta tarea. Por lo que conocemos de él, la amistad representaba el valor más excelente, y como tal actuaba.

Publilio Siro

Publilio Siro nació en 85 a. C. y murió en 43 a. C. Originario de Siria, fue hecho esclavo y enviado a Italia. Ya ve, Epicteto también fue esclavo. Se apreciaban mucho sus pantomimas, y se le reconocía como improvisador. No se trata propiamente de un filósofo, si es que hay algo a lo que se pueda llamar estrictamente filósofo, pero sus frases, máximas y pensamientos se han leído a lo largo de la Antigüedad y hasta nuestros días. De sus obras queda únicamente una colección de «sentencias» (*Sententiae*) y algunas máximas morales que suman en conjunto 734.

Sin embargo, circularon muchas colecciones con su nombre. Muchas de sus sentencias fueron atribuidas a Séneca, contemporáneo suyo y muy conocido también como escritor de frases filosóficas. Y viceversa, sentencias de Séneca se le atribuyen a él. Su pensamiento se formula breve y certero. Muy concentrado, pero siempre penetrante.

En sus resumidos pensamientos remite a las inquietudes más antiguas del ser humano y a las consecuencias que suelen acarrear. La felicidad, el deseo de riquezas, la pobreza, el azar, el destino, etc., aparecen como temas frecuentes en él. Su facultad para escribir se nota en la capacidad de resumir su pensamiento de manera acertada y penetrante. En la actualidad sería un excelente tuitero.

III. ACCIONES PARA EDUCARSE EN ESTOICISMO

Le voy a proponer unas acciones que le ayudarán a sintonizar mejor con la actividad de leer filosofía y pararse a meditarla. Si tiene tiempo, hágalo con calma; si tiene poco tiempo, lea despacio y piense en lo que lee.

Pero no se trata de leer por leer o solamente de pensar en lo leído y olvidarse después de ello, sino de extraer enseñanzas para la vida cotidiana. La filosofía durante mucho tiempo se ha transformado en algo abstruso (¡vaya palabra!), difícil, para especialistas. Verá que las meditaciones que aquí encontrará no tienen esas características, sino que hablan a personas desde la experiencia de personas. Encontrará a unos amigos lejanos en el tiempo que han dejado por escrito sus palabras para usted.

Mediante las actividades que le propongo se puede alcanzar el «silencio» preciso para seguir esa conversación. Igual que no se puede entablar una conversación sosegada en un local lleno de gente y ruido, así, para sacar el jugo a estas meditaciones, conviene prepararse, escuchar con atención.

Le voy a proponer en primer lugar intentar ese «silencio». Esta actividad la suelo proponer en varios de mis escritos y en mis cursos, ya que la considero esencial. Para ello, y sobre todo al principio, necesitará un espacio tranquilo. Más adelante, según desarrolle esta capacidad, podrá conseguir el silencio incluso en ambientes como un autobús, la sala de espera de una consulta o el propio lugar de trabajo.

Cultivar el silencio

Cultivar el silencio, conseguir habitar durante un tiempo al menos en la tranquilidad y la ausencia de ruidos resulta esencial para tomar conciencia de uno mismo y de lo que nos rodea. Le voy a proponer un método que llevo poniendo en práctica varios años y me da buenos resultados.

El método es sencillo, sí, pero requiere algo de constancia para poder alcanzar resultados. Quizá al principio le cueste trabajo, pues no siempre resulta fácil estar en silencio. Como en tantas otras actividades humanas, vamos alcanzándolas y apreciándolas más según las cultivamos.

Siga los siguientes pasos:

1. Busque un lugar tranquilo.
2. Siéntese. **No ponga música.**
3. Cierre los ojos (más tarde los dejará abiertos).
4. Respire siguiendo un ritmo:
   - Inspire.
   - Espere un momento lleno de aire.
   - Espire.
   - Espere un momento vacío de aire.
   - (Hágalo así unos minutos rítmicamente. Mantenga ese ritmo de cuatro tiempos. Luego se olvidará de la respiración.)
5. Deje fluir lo que vaya apareciendo por su cerebro, no lo dirija, no lo censure, no lo evite, no trate de manejarlo: imágenes, sonidos, sensaciones, etc.
6. Concéntrese en un asunto que le interese y deje fluir de nuevo ideas, sensaciones y emociones sobre él. No se juzgue, no lo manipule…

7. Piense en un paisaje que viera alguna vez y le gustase. Deténgase en él.
8. Cuando se note cansado, déjelo.

Fíjese que lo que interesa no reside en las conclusiones que se puedan extraer de ese pensamiento, como ocurre en algunas técnicas de pensamiento creativo, sino de detenerse en el silencio. Pero el silencio no consiste en algo puramente exterior, sino en una actitud interior hacia las cosas que se centra en una escucha atenta de sí mismo y de lo exterior antes que dejarse llevar por el ruido.

La contemplación de las cosas nos conduce hacia el silencio, desde el exterior al interior. Podemos manejar con cierta facilidad el ruido externo, pero el interno resulta más complicado. Aquí se trata de conseguir que el silencio brote del interior y nos llene de sosiego.

En este método, primero vendrán todo tipo de imágenes y pensamientos. Hay que dejarlos fluir, contemplar cómo van y vienen, cómo pasan. Después nos centramos en alguno para parar ese continuo tráfico de todo tipo de sensaciones e imágenes internas, y después en un paisaje que permita detenernos en él para sentir que todo el barullo anterior ha cedido y que estamos relajados.

Si lo practica con asiduidad, le ayudará a acercarse y conseguir ese silencio interno en el que podremos encontrarnos con nosotros mismos y, posteriormente, hacer meditación a partir de una idea, de un texto leído, de una música o sin motivo alguno. La meditación con objetos, ya sean pensamientos, cosas o imágenes, alcanzará su plenitud desde la calma interior.

Los deseos según Epicuro

Para Epicuro, como para los estoicos o para los budistas, una de las claves del control y autodominio sobre uno mismo para alcanzar la felicidad consiste en el gobierno de los deseos. Este pensamiento de Buda puede ayudarnos a entender ese contacto entre las diversas doctrinas, aunque haya diferencias entre ellas también:

> *Esta, oh monjes, es la Noble Verdad de la Cesación del Sufrimiento. Es la total extinción y cesación de ese mismo deseo, su abandono, su descarte, liberación, no dependencia.*[1]

También podemos encontrar esto mismo en Séneca, para quien el sabio, es decir, el modelo a seguir en su escuela, es capaz de controlar su propia vida.

Epicuro, de parecida manera, advierte en la *Carta a Meneceo* que el control racional de los deseos conseguirá acercarnos la felicidad y propone una clasificación de los mismos que nos va a servir para pensar acerca de nuestra actitud hacia ellos.

Afirma Epicuro que hay tres tipos de deseos:

- deseos naturales y necesarios: comer
- deseos naturales pero no necesarios: sexo
- deseos ni naturales ni necesarios: fumar

Le he puesto un ejemplo de cada uno, aunque los casos son muy variados, así: comer es necesario; comer caviar entra dentro de lo natural, pero no necesario; comer pan con oro (se lo aseguro, es una noticia que vi en la televisión hace poco): https://www.eleconomista.es/nacional/noticias/11209446/05/21/1480-euros-por-una-hogaza-el-pan-mas-caro-del-mundo-se-hace-en-Malaga.html) ni es natural ni es necesario.

La actividad que le propongo consiste en que usted se analice a sí mismo. Para llevarla a cabo haga una tabla como esta en un folio:

[1] SN 56,11 *Dhammacakkappavattana Sutta - Discurso de la puesta en movimiento de la rueda del Dhamma*. Traducido del pali por Ven. Bhikkhu U Nandisena. Edición: Anton P. Baron y Federico Angulo. Publicación de Bosque Theravada, 2008-2017.

Deseos naturales y necesarios – – –	
Deseos naturales, pero no necesarios – – –	
Deseos ni naturales ni necesarios – – –	

Sea sincero… Párese a pensar en sus actividades, sus quehaceres, sus deseos propiamente dichos, sus esfuerzos y escriba cuáles pertenecen a cada una de esas categorías. Le insisto en que escriba, para que lo vea frente a sí mismo fijado y objetivo, más allá del flujo continuo de nuestros pensamientos.

Para conseguir control sobre su propia vida habrá que estimar qué deseos nos parece que debemos seguir y cuáles evitar y eso…, ciertamente, cada cual lo sabe.

Pero vamos a añadir otro paso más en esta reflexión sobre nosotros mismos. Además de tratar sobre los placeres, Epicuro proporciona un remedio, se llama *Tetrafármaco* en griego, un **cuádruple remedio** para conseguir la tranquilidad del espíritu.

– No temer a los dioses.
– No temer a la muerte.
– Lo bueno es fácil de conseguir.
– Lo muy malo es fácil de soportar.

El ejercicio consiste en algo semejante a lo anterior. Se trata de pensar sobre esas cuestiones.

1. ¿Cuáles son mis dioses y por qué los temo?: el dinero, y temo no tenerlo; la salud, y temo perderla; la vivienda, y temo quedarme en la calle; el trabajo, y temo perderlo.

2. ¿Temo a la muerte? ¿A qué muerte, a la muerte física, a la social, a la económica? ¿Por qué la temo? ¿Si dejara esta vida que llevo y comenzara otra…?
3. ¿Qué cosas creo que son buenas para mí? ¿Cuáles son necesarias? ¿Cuáles de las cosas que tengo no me hacen falta?
4. ¿Qué capacidad de resistencia frente a las adversidades tengo? ¿Me he «entrenado» para resistir las adversidades? En este punto no se trata de considerarse héroes, solo de pensar sobre las posibilidades de uno mismo. Pero también es cierto que el dolor forma parte de nuestras vidas y enfrentarlo resulta ineludible.

Puede escribirlos en una tabla como la que hemos puesto arriba. Lo haga como lo haga, le animo a que lo escriba. Ya he comentado antes que ver nuestros pensamientos escritos les dota de un cuerpo y de una solidez que no tienen cuando andan atropellados en la mente.

Observar lo cotidiano

Una de las causas de que pasemos por la vida sin vivirla se esconde en la prisa de cada día y en la espera de lo «importante». Por ejemplo, esperamos al fin de semana para poder ir a…, para estar con…, para hacer… Mientras tanto, van sucediendo todos los acontecimientos que, reunidos, forman nuestra vida. Mientras esperamos vivir, se nos pasa la vida.

Esta actitud se va aprendiendo, de hecho, no se observa en los niños. Ellos viven el momento presente, en gran medida por no poder esperar el futuro como lo hacemos después. Poco a poco aprendemos que no todo consiste en lo inmediato, que para aprender algo tenemos que dedicarle tiempo y eso fructificará en el futuro; nos acostumbramos a dilatar la espera para obtener resultados; confiamos al sembrar en la futura cosecha. Pero esa actitud se puede extender a la vivencia del tiempo como una insaciable ansiedad por el porvenir que impida prestar atención a lo que ocurre en cada momento.

No se trata de pararse a pensar en cada baldosa donde me sitúo, pero sí de prestar atención consciente a lo que ocupa nuestro tiempo. Posiblemente haya sentido en alguna ocasión esa sensación de darse cuenta de que ha pasado media hora de la que no recuerda nada. A mí me ha sucedido varias veces mientras conducía. De repente, me hago consciente de estar en tal lugar sin recordar los últimos veinte minutos. La sensación resulta desconcertante. Si echamos la vista atrás a los últimos cinco, diez años..., quizá nos suceda algo parecido, sorprendidos de cómo han pasado, de tener ya tantos..., de no haber hecho..., de...

Desarrollar atención hacia lo que hacemos no tiene misterio, consiste en una cierta disciplina, en adquirir costumbre de mirar, de observar. Al principio de manera más consciente, con un toque de obligación, de disciplina, luego ya conseguiremos que sea algo habitual. Pero no rutinario ni automático. Habitual quiere decir aquí posible, sin el esfuerzo del comienzo. Algo así como nos sucede con la respiración. Podemos respirar de manera automática, pero también tomar conciencia de nuestros movimientos, controlarlos, dirigirlos.

Al principio quizá resulte necesario realizar algunos ejercicios de atención, más tarde la podremos enfocar con facilidad hacia lo que deseemos. Le propongo algunas actividades muy sencillas con las que ir comenzando.

a. Tome una fruta: una mandarina, un limón, una manzana. Estas frutas proporcionan aroma, además de tener superficies diversas que provocan sensaciones.

Sostenga la fruta en la mano. Acaríciela, con los ojos abiertos y con los ojos cerrados, sienta su piel, la suavidad, la rugosidad. Con tranquilidad, el tiempo que precise.

Acérquela a la nariz para captar su aroma. Recréese en ese olor, quizá hasta le evoque lugares, situaciones, personas.

Intente centrarse ahora en el olor, más que en esas evocaciones, aunque en ocasiones no se puedan evitar. El olor de la higuera a mí me lleva inmediatamente al patio de mi abuela materna.

Obsérvela en busca de sus colores, de los distintos matices, de su forma, de las pequeñas variaciones de su piel y de su contorno.

Este pequeño ejercicio lo puede hacer con los diversos objetos de su casa. Con esa foto que hace tiempo no se detiene a contemplar, con el adorno que solo se mueve para quitar el polvo y, sin embargo, no deja de estar acompañado de recuerdos.

b. El siguiente paso consiste en aplicarlo a breves momentos de la vida cotidiana. Resulta muy evocador pararse a contemplar un árbol, quizá en un parque o en la acera de la ciudad. Ese árbol cerca del cual pasa todos los días según va al trabajo, el que se mueve con el aire un poco más allá de su casa, el de su jardín, al que quizá conozca más.

Fíjese en su tronco, la rugosidad del mismo o su suavidad. Hay árboles que tienen una cubierta lisa, parecen barnizados; otros, varios colores; otros trazan profundos surcos en su corteza que les recorren de arriba abajo en direcciones múltiples.

Deténgase en las ramas, en el recorrido de las ramas, en esas figuras caprichosas trazadas al parecer al azar. Deje vagar la vista siguiendo el contorno y dirección de las mismas.

Fíjese después en las hojas. ¿Parecen iguales? No hay ni una igual a otra. Pruebe a comparar dos. La primera impresión va dando paso a una conciencia de su diferencia a través de minúsculas variedades en su color, formas, superficie…

c. Una toma de conciencia de lo cotidiano muy peculiar consiste en observar sonidos y ruidos. Curiosamente, aunque estamos rodeados de sonidos y ruidos, tenemos una especial facultad para poder ignorarlos si estimamos que no nos interesan o no suponen una amenaza.

Esta observación se puede llevar a cabo en cualquier lugar también. En casa, en el salón, sentados en nuestro sofá favorito. Sin música, sin televisión, sin nada que apague lo que nos rodea… Escuchamos… ese ruido del piso de arriba, el ladrido de un perro en la lejanía, alguien habla en la calle, pasa un coche…

Caminando por la calle estamos rodeados de todo tipo de ruidos. Quizá no convenga prestarles atención mientras seguimos andando… Pero podemos parar un momento y, simplemente, escuchar: el tráfico, la gente, las obras, la música… ¿Qué sensaciones me afloran?: cuando oigo una sirena…, cuando escucho a los vecinos hablar…, cuando ladra mi perro…

En el metro o en el autobús cinco minutos de escucha nos sorprenderán por la cantidad diferente de sonidos que se esconden detrás del ruido único e indiferente del trasiego cotidiano.

No busque nada especial al escuchar, solo escuche y compruebe cómo le afecta.

Conciencia de nuestras palabras

Nuestro lenguaje somos nosotros. Esta frase parece hasta mal construida, pero intenta reflejar una verdad cierta para los seres humanos. El lenguaje no representa un añadido a nuestra condición humana, sino que la constituye y la fundamenta. Por eso, en nuestras palabras, en lo que decimos y la forma en que lo expresamos se refleja nuestra constitución primera y lo que vamos construyendo sobre nosotros mismos.

La mayor parte de las ocasiones hablamos sin prestar atención a las palabras que empleamos. Puede parecer extraño, pero ocurre. Estamos tan acostumbrados a expresar nuestros pensamientos de manera fluida, que esa misma facilidad arrastra al lenguaje hacia lo conocido, a los recursos usuales, a las palabras que solemos utilizar. Los demás conocen nuestro vocabulario, la manera de hablar, expresiones frecuentes. Podrían trazar un retrato de nuestro lenguaje y de nosotros mismos a través del habla. Nos reconocen también por la voz.

También cada uno de nosotros somos capaces de efectuar esa observación sobre nuestro lenguaje, quizá con algo más de paciencia, sobre todo para tratar de evitar prejuicios y precipitación a la hora de juzgarnos. Le propongo dos actividades muy sencillas para tomar conciencia de nuestro lenguaje.

a. **Hacer una lista** de las palabras/expresiones negativas que decimos a lo largo de una mañana.

Palabra/expresión: Demasiada luz	¿Por qué es negativa esa expresión?

Le propongo que preste atención a palabras que dice a lo largo de la mañana, y en algún momento se siente a hacer una lista como la del ejemplo. Ponga esa palabra que empleó y piense sobre su significado; por ahora basta con darse cuenta de esas palabras y su significado en el contexto.

b. **Se trata de trabajar sobre la lista anterior.** Ahora vamos a buscar lo que se podría haber dicho en vez de esa palabra o expresión negativa. Requiere pensar acerca de nuestro lenguaje, pero si ha escrito la lista anterior, se facilita mucho el procedimiento.
Sobre la misma lista añada otra columna:

¿Por qué es negativa? Expresa desagrado de manera directa.	Palabra/expresión positiva: ¿Bajamos la intensidad de la luz?

A lo que hizo antes, añada otra manera de decir que implique un juicio o pensamiento positivo o que no añada matices negativos a su expresión. La costumbre de decir ciertas frases o palabras variará desde el momento en que las hacemos conscientes y si vamos introduciendo otras en su lugar.

c. **Lea poesía, novela, literatura.** Su vocabulario se irá ampliando y mejorando cuanto más lea. Y, si se anima, escriba: un diario, pensamientos, poesías, lo que sea. No se trata de ganar el Nobel, sino de hacer que su vocabulario adquiera la precisión y elegancia que se consigue al plasmarlo en papel o en el ordenador y tratar de corregirlo y mejorarlo.
Se trata, por otra parte, de que usted haga suyo su vocabulario, que lo controle, que en efecto sea usted quien hable y no su lenguaje por usted. Esto puede parecer extraño, pero en muchas ocasiones hablamos con clichés, decimos frases hechas, expresamos pensamientos manidos. Al tomar el mando sobre nuestro lenguaje, nosotros decidiremos su peso, valor y fuerza. Comenzaremos a hablar de otra manera.

Esquivar las trampas del pensamiento

Cuando nos ponemos a meditar o a pensar en nuestra vida, solemos caer en tres trampas que no nos dejan centrarnos en la propia meditación con claridad. Solemos juzgarnos, curiosamente, sobre lo que hicimos, sobre lo que hacemos y sobre lo que vamos a hacer.

Esto tiene el riesgo de paralizarnos en nuestras acciones, cohibidos por lo que sucedió antes, empantanados en el momento presente o temerosos de lo que ha de venir.

A lo largo de las meditaciones que va a leer más adelante, encontrará avisos sobre estas trampas.

El pasado nos atenaza para no progresar, para no evolucionar.

Recordamos las cosas que hicimos mal, las que intentamos y no salieron bien. Tendemos a seguir la inercia que aprendimos y a continuar con las costumbres que nos causan seguridad frente a lo desconocido.

El presente nos lleva a la acción, a considerar que hay que responder al momento sin detenerse a meditar. Lo inmediato llega a ser un motivo de angustia, de intentar responder a todos los desafíos o de paralización para no dar opción a empeorar una cierta situación. «Mejor lo malo conocido…».

Y el futuro… incluso sin ser real ya nos preocupa y nos causa tantos sufrimientos como si nos pasaran las cosas. A veces, la anticipación de una desgracia posible, de un problema o de una aprensión nos llega a atemorizar y paralizar en nuestras acciones.

Una vez más, le voy a proponer escribir. Ahora una pequeña tabla con las trampas. Usted las conoce, cada uno conoce sus trampas, sus refugios, sus lugares de descanso. Suele pasar que cuando las vemos escritas se desvanece parte de su influencia negativa. Digamos que, vistas así, fuera de la imaginación o del recuerdo, pierden fuerza.

PASADO	PRESENTE	FUTURO
Aquella vez que respondí de esa manera y quedé en ridículo…	Nunca he tenido pelos en la lengua y no voy a cambiar, aunque moleste.	Me aterra pensar que me puedo poner enfermo si viajo a…

Al tomar conciencia de esas trampas les restamos fuerza, las hacemos presentes y hasta nos damos cuenta de su inconsistencia.

A lo largo de la lectura de estas meditaciones, encontrará algunas referidas a cada uno de esos momentos. Puede organizarlas en esos tres periodos para recordarlas y hacerlas efectivas cuando el pasado, el presente o el futuro se tornen amenazantes.

Flujo de decisión estoica

Un flujo de decisión consiste en un recorrido para tomar decisiones, en una serie de pasos que nos ayuden a establecer una línea de acción. En este caso vamos a seguir las ideas que tenían los estoicos acerca de las cosas. Estos consideraban que había cosas/decisiones/sucesos importantes e incluso necesarios, otros convenientes, otros indiferentes y algunos que convenía evitar.

Esta distinción nos ofrece una buena manera de orientar nuestras propias decisiones acerca de los más variados temas. Los estoicos hacían especial hincapié en la virtud, en la capacidad personal de guiar la vida siempre de acuerdo a los dictados de la razón universal, de la naturaleza. Pensaban que esta se situaba más allá de las propias decisiones humanas y que, más bien, nosotros teníamos que acomodarnos a ella.

Su ideal de sabio, es decir, de persona completa e íntegra, consistía en un hombre capaz de utilizar sus recursos para vivir en compenetración con la naturaleza, con el destino, con la propia manera de ser humano y resistir a los embates de la casualidad y de la suerte. ¿Podemos aplicar esto a nuestra situación actual?

Por supuesto que sí. No porque nuestra situación histórica sea mejor o peor que otras, sino porque las cuestiones que inquietan y preocupan al ser humano son siempre las mismas, cambiando ciertos colores, nombres y perspectivas. Y así será mientras sigamos siendo humanos.

Por ello le planteo este flujo de decisión, unas líneas de acción para ayudar a tomar decisiones. Como verá es formal, es decir, que más que al contenido de cada decisión atiende a la forma de hacerlo, porque el contenido habrá que decidirlo paso a paso.

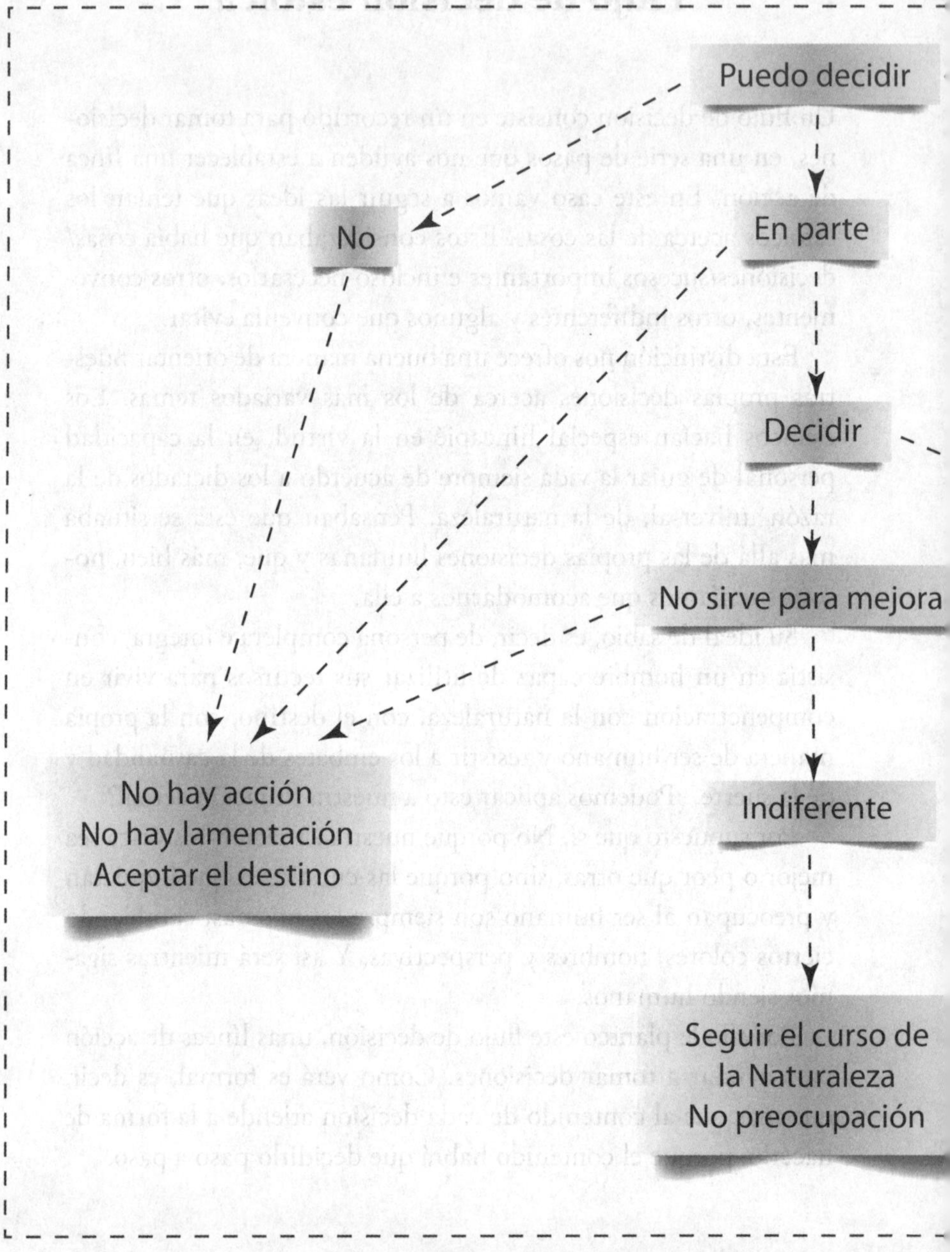
Puedo decidir
No
En parte
Decidir
No sirve para mejora
Indiferente
No hay acción
No hay lamentación
Aceptar el destino
Seguir el curso de
la Naturaleza
No preocupación

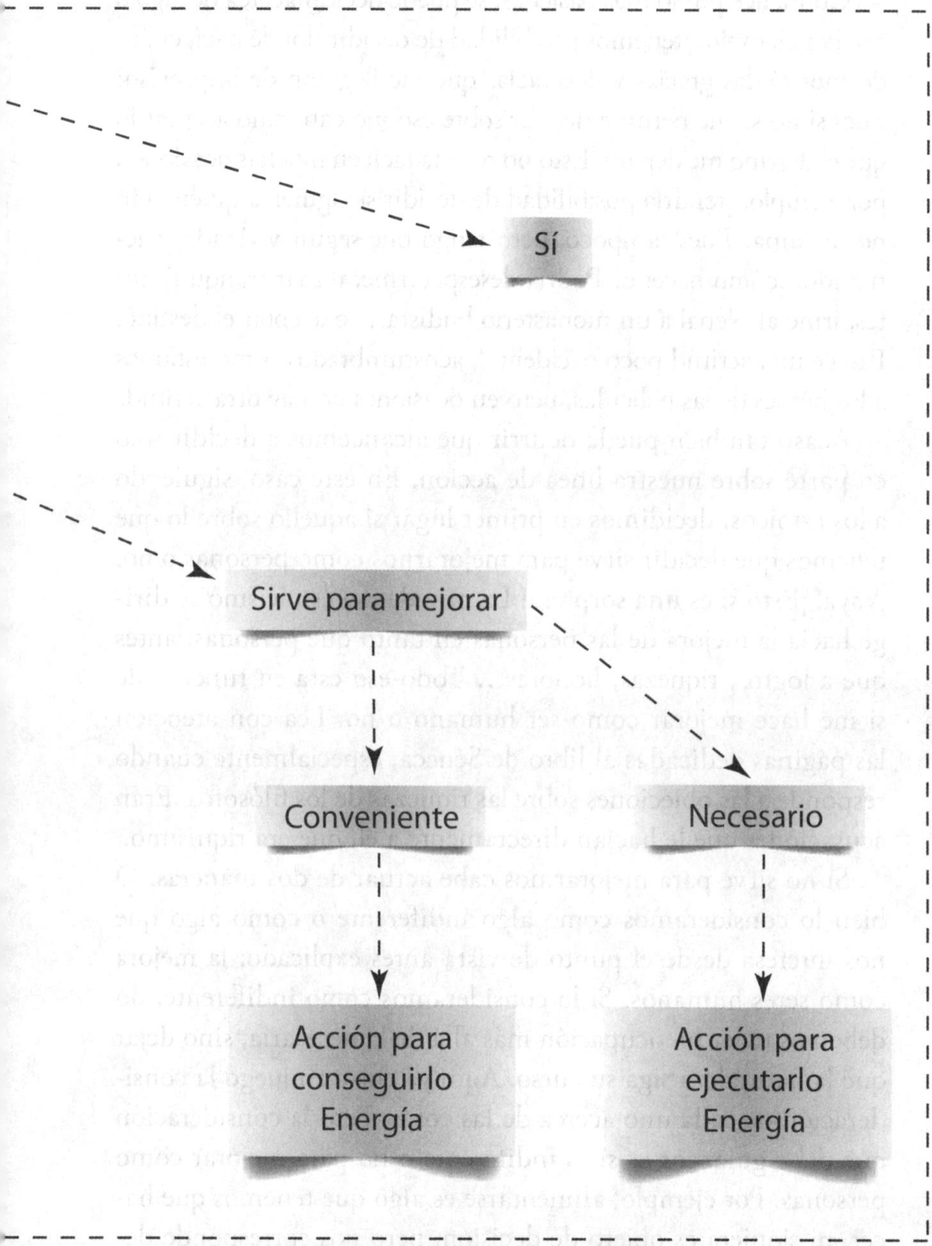
Sí
Sirve para mejorar
Conveniente
Necesario
Acción para conseguirlo Energía
Acción para ejecutarlo Energía

Comience por lo más básico, si se puede decidir acerca de algo o no. Por ejemplo, ¿tenemos posibilidad de decidir dónde nací, cuándo moriré, las gracias y desgracias que me llegarán de improviso? Pues si no se me permite decidir sobre eso, no cabe sino aceptar lo que el destino me depara. Esto no resulta fácil en muchas ocasiones, por ejemplo, ¿tendría posibilidad de decidir si alguien a quien amo no me ama? Pues tampoco, pero tengo que seguir viviendo y actuando, ¿cómo hacerlo? Podría desesperarme, tomar tranquilizantes, irme al Nepal a un monasterio budista… o aceptar el destino. Parece una actitud poco occidental, acostumbrados como estamos a los héroes de las películas, pero en ocasiones no hay otra actitud.

Acaso también pueda ocurrir que alcancemos a decidir solo en parte sobre nuestra línea de acción. En este caso, siguiendo a los estoicos, decidimos en primer lugar si aquello sobre lo que tenemos que decidir sirve para mejorarnos como personas o no. ¡Vaya! ¡Esto sí es una sorpresa! La mirada del estoicismo se dirige hacia la mejora de las personas en tanto que personas, antes que a logros, riquezas, honores… Todo eso está en función de si me hace mejorar como ser humano o no. Lea con atención las páginas dedicadas al libro de Séneca, especialmente cuando responde a las objeciones sobre las riquezas de los filósofos. Eran acusaciones que le hacían directamente a él, que era riquísimo.

Si no sirve para mejorar nos cabe actuar de dos maneras. O bien lo consideramos como algo indiferente o como algo que nos interesa desde el punto de vista antes explicado: la mejora como seres humanos. Si lo consideramos como indiferente, no debemos tener preocupación más allá de la necesaria, sino dejar que la naturaleza siga su curso. Aquí ya entra en juego la consideración de cada uno acerca de las cosas. Pero la consideración que debe guiarnos es si es indiferente o no para mejorar como personas. Por ejemplo, alimentarse es algo que tenemos que hacer, ni siquiera es objeto de decisión, pero nos corresponde decidir si resulta algo indiferente acerca de la virtud, por lo cual nos bastará con alimentarnos de manera adecuada, sin buscar frutas exóticas o productos raros. Comer para vivir, no vivir para comer.

Otro tipo de cosas, acciones y decisiones tienen relación directa con la vida virtuosa, sirven para mejorar, esas son las que nos interesan especialmente. ¿Qué tipo de decisiones sirven para mejorar? Muchas, las tomamos constantemente, a veces mezclamos unas con otras, a veces no las pensamos bien... Realmente, en esta vida hacemos lo que podemos, venimos sin libro de instrucciones y tratamos de orientarnos a partir de nuestra experiencia, de la de otras, que eso es la cultura, la moral... Este flujo de decisión nos permite considerar nuestra línea de acción.

¿Qué resulta más conveniente para mejorar? Estudiar, esforzarnos, realizar bien un trabajo, tener aficiones que nos impulsen a más, ser amables, ser generosos, ser solidarios... Tener riquezas, mejor que ser pobres; tener salud, mejor que estar enfermos; el placer antes que el dolor. Parecen cuestiones convenientes para crecer como personas, tanto para nosotros mismos como para los demás. Si esto es así, entonces hay que emplear energía y tomar decisiones para conseguirlo. Aquí ya se pone en juego de manera consciente nuestra capacidad de decidir y de ponernos en acción para conseguir algo.

Hay que tener en cuenta que todas estas cosas son convenientes, es decir, pueden dejar de serlo. La riqueza está bien, pero cuando la riqueza se convierte en el objetivo de la vida, nos desviará del objetivo del crecimiento personal; el placer nos permite vivir mejor, pero si se antepone a lo demás, nos arrastrará hacia el vicio. Muchas de las cosas que deseamos tienen ese doble carácter. Piense en personas religiosas que realizan acciones excelentes y cómo en el nombre de la religión se cometen crímenes.

¿Qué resulta ciertamente necesario para ser mejores personas? Cultivar la virtud, fomentar nuestras capacidades intelectuales, trabajar la amistad, intentar la justicia, pretender la sabiduría, ser valerosos. Aquí no cabe término medio. Tenemos que cultivar estas cosas para ser mejores y realizarnos como personas, o llegar a alcanzar el ideal de sabio que pretendían los estoicos.

Flujo de decisión epicúrea

Voy a proponerle aquí otra manera de ver las cosas a la hora de decidir sobre nuestra actuación. Se trata de lo que podemos denominar «flujo de decisión epicúrea». Pero quiero advertirle..., al final se parecen bastante estoicos y epicúreos. Ciertamente, a lo largo de la historia el epicureísmo o hedonismo ha adquirido mala fama. Parece que eso de buscar el placer estaba en contra de determinadas maneras de ver las cosas, de formas de entender la vida y lo que en ella se juega o de la propia definición de placer. Incluso hoy se encontrará con esta polémica, por ejemplo en la educación, sobre si hay que sufrir o disfrutar para aprender. Pero también en otros aspectos de la vida se ve con recelo el placer, como si fuera algo que impidiera realizarnos o trabajar mejor o cumplir con nuestras obligaciones.

A mí me parece un sinsentido el enaltecimiento del sufrimiento y del dolor. Ambos extremos los evita toda la naturaleza en su conjunto. No conozco ningún ser vivo, excepto los seres humanos, que se procure sufrimiento y dolor a sí mismo. Si esto es así, habría que suponer que el placer ha de ser uno de nuestros objetivos vitales naturales. Pero tenemos una larga tradición en Occidente de rechazo, cuando no condena, del placer.

Deberíamos comenzar por aclarar qué entendemos por placer. Repase sus ideas acerca de esta palabra. Una vez que lo haya meditado, acérquese a Epicuro y verá que lo que él pide es paz del cuerpo (*aponia* en griego) y paz del alma (*ataraxia* en griego). Propone una utilización de nuestra razón, un cálculo racional, para elegir entre las diversas actuaciones de nuestra vida con el objetivo de conseguir ambas. El objetivo último consiste en el placer que proporciona la tranquilidad y que elimina la ansiedad, verdadero mal del ser humano.

Veamos cómo funcionaría un flujo de decisión desde la perspectiva epicúrea con la que complementar el anterior de los estoicos.

¿Decepcionado? ¿Pensaba que el placer sería otra cosa o que el verdadero mal consistiría en algo más horrible? Considere que gran parte de los mensajes de nuestra sociedad de consumo tratan de provocar ansiedad para que consigamos ciertos productos con los que calmarla momentáneamente. Ese juego produce ganancias inmensas a quienes lo promueven. La depresión y la violencia tienen su origen en ella.

Plantee una cuestión que le importe y siga el diagrama, a ver dónde le lleva. Por ejemplo: hacer fotografía como afición.

¿Produce placer? Parece que sí, si la practica incluso en sus ratos libres.

Podemos catalogarlo como natural pero no necesario: natural en cuanto que es una actividad acorde a la manera de ser del ser humano, una actividad artística, pero no necesario, porque podríamos vivir sin esa actividad en concreto.

Es una actividad que podemos o no utilizar para conseguir los fines últimos de la paz del alma y el sosiego del cuerpo.

Para conseguir esto hay que cumplir con las exigencias del cuádruple remedio, tal como explicamos antes en la página 27. El miedo nos acompaña a lo largo de nuestra vida. A veces previene de excesos, otras coarta nuestra capacidad. Solo será libre quien no tiene miedo. Por eso, Epicuro señala este cuádruple remedio, *Tetrafármaco*, para indicarnos que además de conseguir y esforzarnos por lo que produce placer, tenemos que trabajar nuestra capacidad de actuar por nosotros mismos, libres y sin miedo.

Escribir la meditación

También le aconsejo que escriba esta acción, si le gusta y tiene ganas. Fíjese que no digo si tiene tiempo porque, si lo desea, lo hará. Dedicamos tiempo a aquello que nos gusta o nos interesa de veras.

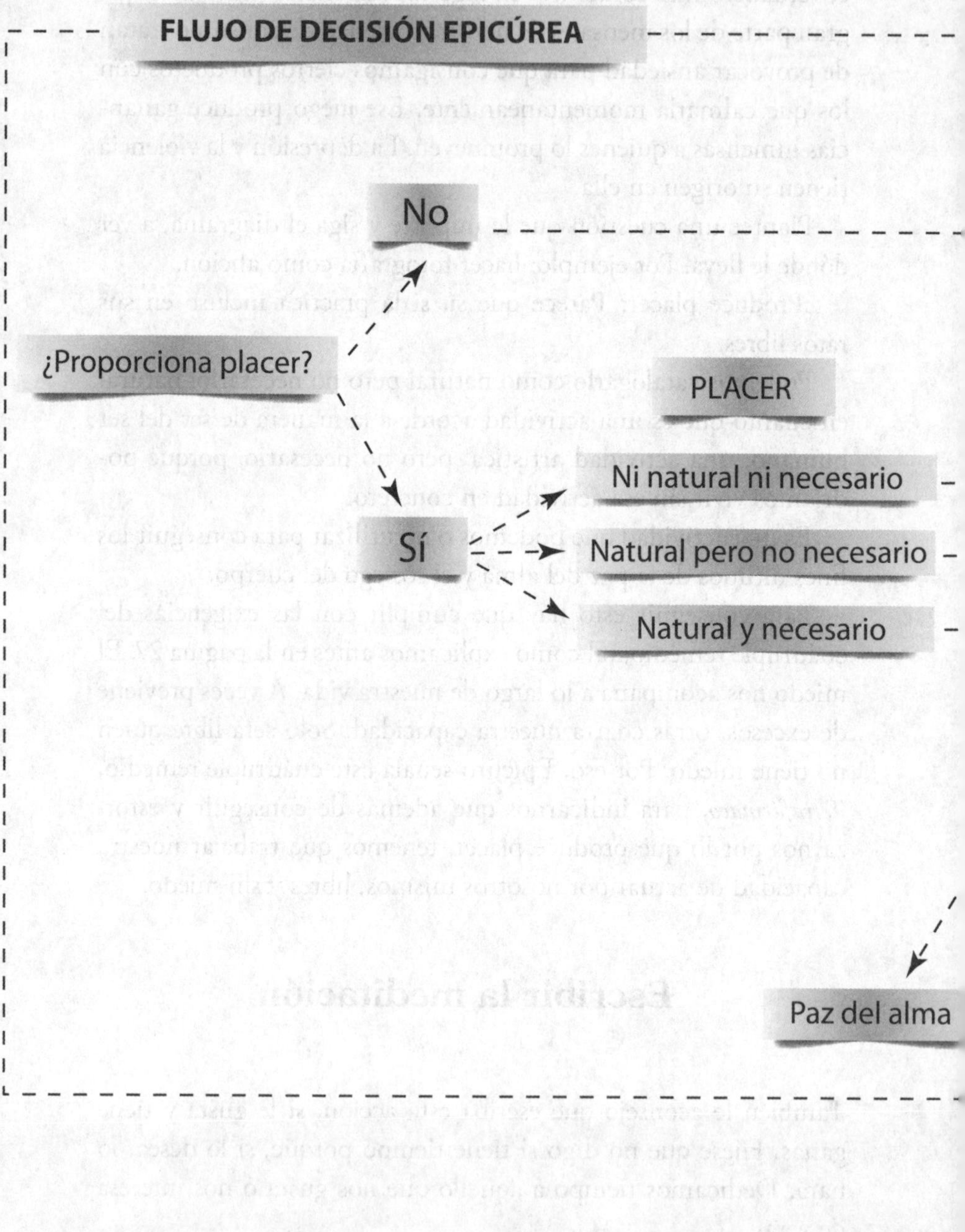
FLUJO DE DECISIÓN EPICÚREA
No
¿Proporciona placer?
PLACER
Ni natural ni necesario
Sí
Natural pero no necesario
Natural y necesario
Paz del alma

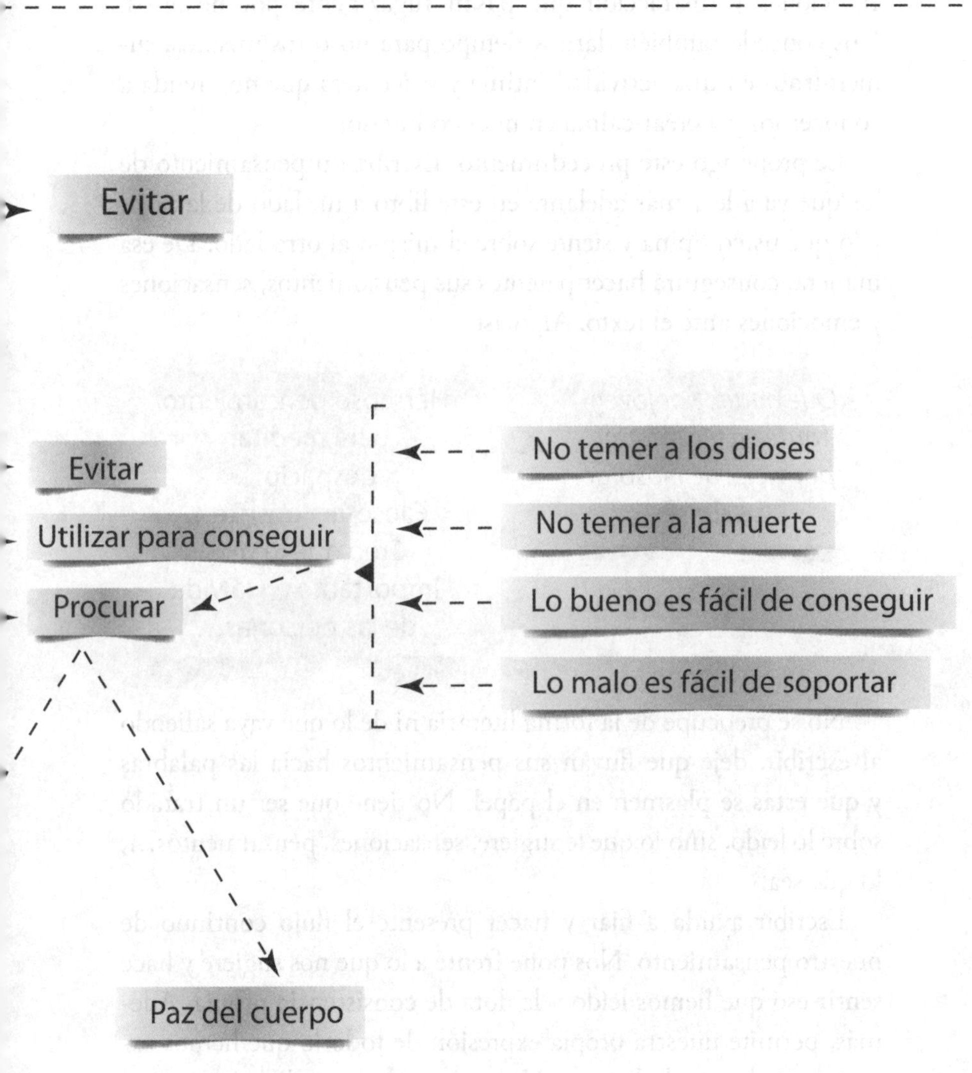
Evitar
Evitar
Utilizar para conseguir
Procurar
No temer a los dioses
No temer a la muerte
Lo bueno es fácil de conseguir
Lo malo es fácil de soportar
Paz del cuerpo

Escribir ayuda a fijar los pensamientos que de continuo nos asaltan, nos permite darnos cuenta de las múltiples sensaciones, emociones y distracción que pasan fugazmente por nosotros. Nos concede también darnos tiempo para nosotros mismos, sumergirnos en una actividad íntima y placentera que nos ayuda a conocernos y a crear calma en nuestro interior.

Le propongo este procedimiento. Escriba un pensamiento de los que va a leer más adelante en este libro a un lado de la hoja, y lo que usted opina y siente sobre el mismo al otro lado. De esa manera, conseguirá hacer patentes sus pensamientos, sensaciones y emociones ante el texto. Algo así:

Que nadie, por joven, tarde en filosofar ni, por viejo, de filosofar se canse.	– – –	Hermoso pensamiento para meditar despacio… Filosofar consiste… Creo que lo más importante en la vida de las personas…

No se preocupe de la forma literaria ni de lo que vaya saliendo al escribir, deje que fluyan sus pensamientos hacia las palabras y que estas se plasmen en el papel. No tiene que ser un tratado sobre lo leído, sino lo que le sugiere, sensaciones, pensamientos…, lo que sea.

Escribir ayuda a fijar y hacer presente el flujo continuo de nuestro pensamiento. Nos pone frente a lo que nos sugiere y hace sentir eso que hemos leído y le dota de consistencia propia. Además, permite nuestra propia expresión de todo lo que hemos experimentado con la lectura. No se trata de hacer literatura, sino de escribir desde nuestra capacidad expresiva sin preocuparnos de más, aunque si quiere y puede, escriba literariamente. Proyectamos en la escritura lo que sentimos y pensamos, lo vemos consistente, lo podemos volver a leer y vivir.

Le aconsejo que lo haga con las diferentes meditaciones que va a encontrar más adelante. Copie la meditación, eso hará que la interiorice más, que se detenga en ella, que la lea despacio, la medite, y después haga reflexiones sobre ella. Esto requiere más tiempo que solo leer, pero proporciona mejores resultados. Y, si lo practica, verá que cada vez dedicará más tiempo a estar un rato en paz, pensando y escribiendo.

IV. LA VIDA FELIZ

El siguiente paso en nuestro recorrido lo encontramos en la lectura de un clásico en la literatura sobre la felicidad. Se trata del libro *La Vida Feliz* de Séneca.

Más atrás le introduje una breve semblanza de Séneca, baste repetir aquí que era hispano, de Córdoba, pertenecía a la escuela estoica de filosofía y ocupó relevantes cargos en el reinado de Nerón.

Su filosofía nunca ha pasado de moda. Contiene reflexiones siempre interesantes sobre los más diversos aspectos de la vida. Le recomiendo que lea sus *Cartas a Lucilio*, una colección de cartas que dirige a un discípulo suyo comentándole distintos asuntos o respondiendo a sus preguntas.

En este pequeño libro va a encontrar:

– Una reflexión sobre qué es la felicidad.
– Qué hacer para alcanzarla.
– Qué no hacer.
– Cómo utilizar las riquezas y los bienes materiales.

Léalo despacio, tranquilamente. Piense lo que dice, critíquelo: haga que sea una lectura viva que le permita entablar un diálogo con Séneca para aprender de su sabiduría y conseguir que afloren, se aclaren y perfilen sus propias ideas sobre este tema.

LA VIDA FELIZ

DE VITA BEATA

Séneca

CAPÍTULO I: Buscar el camino a la felicidad acompañados y sin fiarnos de la opinión de la gente

Todos quieren vivir felices, pero cuando tratan de ver qué hacer para conseguir la vida feliz, se mueven entre tinieblas. Ciertamente, no es fácil conseguir la vida feliz, incluso alguno se puede alejar de ella si va en sentido contrario, cuanta más velocidad desarrolla, más se aleja.

Primero hay que considerar qué es lo que deseamos alcanzar, después pensar cómo podemos alcanzarlo lo más rápidamente posible y, en el mismo camino, calcular, si es que vamos bien encaminados, cuánto trayecto recorremos cada día, cuánto estamos más cerca de aquello a lo que nos mueve nuestro deseo natural.

Cuanto más tiempo vagamos sin rumbo, sin una guía, sino siguiendo las voces y rumores discordantes que divergen entre sí, se nos pasa la breve vida cometiendo errores, aunque trabajemos día y noche con buena intención.

Decidamos a dónde y por dónde vamos. Y mejor acompañados de un experto con el que explorar estos lugares a donde vamos, porque las condiciones de este viaje no son las mismas que las de otros. En la mayoría, un buen conocimiento del camino, y preguntar a los que viven por allí, evita que nos perdamos, pero en este viaje precisamente las rutas más trilladas y conocidas son las que más engañan. Hay que tener muy en cuenta no seguir la costumbre de las ovejas, que siguen al que va delante sin pensar, dándonos prisa en ir por donde se va y no por donde debemos ir.

Pues ninguna otra cosa nos trae más problemas que la que seguimos por los rumores, pensando que son mejores aquellas cosas mayoritariamente aceptadas, de las cuales nos sirven muchas de ejemplo, y así vivimos más por imitación que siguiendo nuestra razón. Por eso hay tanta gente apelotonada junta rodando hacia su propia desgracia. Pues en las masas de muchedumbres ocurre, cuando se empujan, que no cae uno solo sin atraer a los demás y provocar su caída a los siguientes; conviene que veas que esto sucede en la vida. Nadie se equivoca solo, sino que es la causa y el autor de los errores de otros. No conviene juntarse con los que ya estaban allí y, puesto que cada uno prefiere creer que pensar, nunca se piensa acerca de la vida, y el mismo error transmitido de unos a otros se cree, nos despista y nos hace caer. Nos perdemos por los ejemplos ajenos; con separarnos de esos grupos, sanamos. El populacho, defendiendo su propio mal, se opone a la razón. Y así sucede en las elecciones, que una vez elegidos los cargos, cuando el móvil favor cambia, los mismos que los eligieron se sorprenden de haberlos elegido. Lo mismo que aprobamos, eso reprendemos. Este es el resultado de lo que se enjuicia según la mayoría.

CAPÍTULO II: Evitar lo que hace y aconseja la «mayoría»

Cuando se trata de la felicidad, no tienes que responderme como en las cuestiones de elecciones: «Según la mayoría». Pues ciertamente, eso es lo peor. No están tan bien organizados los asuntos humanos como para que las cosas mejores agraden a la mayoría; la masa es argumento para elegir lo peor. Busquemos lo mejor, no lo más común, y examinemos lo que nos lleve a la posesión de la felicidad eterna, no lo que el vulgo tiene, que es un pésimo intérprete de la verdad.

Llamo vulgo tanto a los que visten traje como a los que llevan camiseta, pues no me fijo en la calidad de la ropa. Para juzgar a un hombre no miro su aspecto, tengo una luz mejor para hacerlo y que me ayuda a distinguir lo verdadero de lo falso. El bien del interior el propio interior lo ha de descubrir. Este, si alguna vez tomara aliento y entrando en sí mismo descansara, o si al sentirse torturado por sí mismo se confesara la verdad a sí mismo, diría: «Lo que hice hasta ahora, preferiría no haberlo hecho; cuando pienso en lo que dije, envidio a los mudos; lo que pedí en oración, pienso que son peticiones de mis enemigos; lo que temí, oh, buenos dioses, cuánto más leve fue que lo que deseé».

Con muchos tuve enemistad y volví desde el odio a la amistad, si alguna concordia puede haber entre los malos; todavía no soy amigo de mí mismo. Hice todo tipo de esfuerzos para alejarme de la multitud y para no hacerme notar por alguna cualidad. ¿Qué otra cosa padecí sino exponerme a las armas de la malevolencia y mostrar dónde hacían daño? ¿Ves a estos, que alaban tu elocuencia, que persiguen tus riquezas, que adulan tus méritos, que ensalzan tu poder? Todos ellos o son enemigos o, lo que es lo mismo, pueden serlo. Tan grande es el número de los admiradores como el de los envidiosos. ¿Por qué no busco algo para usarlo bien, algo que sienta de veras, no para mostrarlo? Estas cosas que se ven, las que tenemos delante, las que uno muestra a otro para que se asombre, por fuera relucen, por dentro son miserables.

CAPÍTULO III: La vida feliz sigue su propia naturaleza

Busquemos lo que es bueno no en apariencia, sino sólido, uniforme y hermoso en su parte más interior; profundicemos en esto. No está lejos, se puede encontrar, solo es necesario saber dónde cosechar. Ahora, como entre tinieblas, pasamos rozando cerca de lo mismo que deseamos.

Pero para no marearte con rodeos, dejaré las opiniones de otros, pues sería tedioso enumerarlas y refutarlas. Recibe la nuestra. Pero cuando digo la nuestra no me refiero solo a alguno de nuestros maestros estoicos, yo también tengo derecho a opinar. Por eso, seguiré a uno, a otro le ordenaré aclarar su opinión y, quizá, después de citar a todos, no reprobaré nada de lo que afirmaron los anteriores a nosotros ni diré: «A esto añadiré...». En lugar de eso, sigo lo que es común a todos los estoicos: la guía de la Naturaleza. Es sabiduría no separarse de ella y aprender según sus leyes y ejemplos.

Será, pues, una vida feliz la que sigue a su propia naturaleza, la cual no se puede alcanzar de otra manera que, primero, con una mente sana y en posesión continua de su sanidad, además de fuerte y enérgica, también con noble paciencia, que sepa adaptarse a las circunstancias, cuidadosa de su cuerpo, pero sin excesos. Tiene que ser diligente con todas las demás cosas que componen la vida, pero sin apego de ellas: hay que usar los bienes de la fortuna, no servirlos.

Y sabes, aunque no lo diga, que una vez arrojadas fuera de nosotros estas cosas que nos irritan o aterrorizan, se sigue una continua tranquilidad y libertad; pues expulsados los deseos y temores, que son pequeños y frágiles y nocivos por sus mismas vergüenzas, sobreviene una gran felicidad, firme e inalterable, seguida de paz y armonía del espíritu y grandeza con benevolencia; pues toda crueldad procede de debilidad.

CAPÍTULO IV: Feliz el que cultiva la virtud

Podemos definir este bien, la felicidad, de otra manera, es decir, la misma idea con diferentes palabras. Del mismo modo que un ejército permanece idéntico aunque unas veces se despliega y otras se contrae o bien se coloca en curva con alas a los extremos o en línea frontal, la fuerza del mismo, una vez ordenado, es la misma y el mismo el empeño en defender lo suyo, así las definiciones del sumo bien pueden algunas veces ser más extensas y prolijas y otras más breves y concentradas.

Así pues, será lo mismo si digo: «El sumo bien es el ánimo que desprecia las cosas que ocurren de manera fortuita, que se alegra con la virtud», o «Es la fuerza invicta del espíritu, que tiene experiencia de las cosas, sosegada al actuar, con gran humanidad y atenta al trato con los demás».

Se puede definir de tal modo que llamemos feliz a ese hombre para el que no hay ningún mal ni ningún bien, sino el espíritu bueno o malo, que cultiva la honestidad, que se alegra con la virtud, al que no doblegan ni quiebran las cosas fortuitas, que ningún bien mayor conoce que el que puede darse él mismo, para el que el verdadero placer sea el desprecio del placer.

Aunque, si quieres decirlo de manera más extensa, lo mismo de una y otra manera puedes afirmar con conservada e íntegra fuerza. ¿Pues qué nos impide decir que la vida feliz es un espíritu libre, valiente, intrépido y sólido, que no conoce el miedo, situado más allá del deseo, para el que el único bien es la honestidad, el único mal la deshonra y lo restante una masa de cosas sin importancia que ni le quitan nada a la vida feliz ni se lo añaden, que llegan y se van sin aumentar ni disminuir el sumo bien.

De lo anterior así establecido tiene que seguirse, se quiera o no, un buen humor constante y una alegría profunda que viene desde el interior, pues quien se alegra de lo suyo propio no desea bienes mayores que los suyos.

¿No hay que contraponer estas cosas a los pequeños, mezquinos e inconstantes deseos de nuestro débil cuerpo? Cada día que le domine el placer, le dominará también el dolor.

¿Ves qué mala y nociva servidumbre tiene que padecer aquel a quien los placeres y los dolores, poderes inciertos e inmoderados, lo dominen alternativamente? Así pues, hay que encontrar una salida hacia la libertad.

Y eso no se consigue más que con la indiferencia ante la fortuna. Entonces nacerá un bien inestimable: un espíritu tranquilo y sublime resguardado en seguro. Y expulsados los errores, del conocimiento de la verdad nacerá una alegría grande y estable, junto con la amabilidad y ensanchamiento del espíritu, con los cuales se deleitará no como si fueran cosas buenas, sino como nacidos de su propio bien.

CAPÍTULO V: La vida feliz se basa en un recto y adecuado pensamiento

Puesto que he comenzado a hablar sobre esto libremente, puedo llamar feliz a quien ni desea ni teme gracias a la razón, y aunque las piedras y los animales también carecen de temor y de tristeza, sin embargo nadie diría que son felices, porque no tienen conciencia de la felicidad.

Considera de la misma manera a los hombres a los que su naturaleza obtusa y su ignorancia condujo al nivel de animales y las cosas inanimadas.

No hay ninguna diferencia entre estos y aquellos, pues los unos carecen de razón, y la de los otros está corrompida, trabaja para su propio mal y es hábil para la depravación. No puede llamarse feliz nadie que haya sido arrojado fuera de la verdad.

La vida feliz se basa en un recto y adecuado pensamiento, y es inalterable.

Pues es un espíritu puro y libre de todo mal el que no solo huye de las heridas, sino también de los rasguños, y permanece siempre donde se ha hecho fuerte, defendiendo su posición contra la airada y ponzoñosa fortuna.

Pues por lo que concierne al placer, aunque se encuentre por todas partes y se insinúe de muchas formas y reblandezca el espíritu con sus dulzuras y utilice todos los recursos posibles para seducirnos total o parcialmente, ¿qué persona, a la que quede algún vestigio de ser humano, quisiera estar excitada día y noche y dedicarse únicamente al cuerpo olvidando el espíritu?

CAPITULO VI: Feliz quien confía en la razón

«Pero también el espíritu tendrá sus placeres», se dice. Que los tenga y actúe como árbitro de la sensualidad y de los placeres; que se llene de todo lo que les gusta a los sentidos, después mire al pasado y se recree con los anteriores placeres y ansíe los futuros y prepare sus expectativas, y mientras el cuerpo está abandonado al presente atiborramiento, se recree en anticipar el futuro. Esto me parece más lamentable, porque es locura interpretar los males como bienes. Pero sin cordura, nadie puede ser feliz, ni está cuerdo quien prefiere las cosas perjudiciales en vez de las mejores. Así pues, un hombre feliz es quien tiene un juicio recto, quien está contento con sus circunstancias presentes, sean cuales sean, quien es amigo de sus cosas. Feliz es quien confía en la razón para valorar las cosas de su vida.

CAPÍTULO VII: El placer no es la felicidad

Los mismos que dijeron que el sumo bien es el placer, ven en qué mal lugar lo habían puesto. Por eso niegan que se pueda separar el placer de la virtud, y dicen que nadie puede vivir honestamente sin gozo, ni gozosamente sin vivir también con honestidad.

No veo cómo pueden conciliarse estas cosas tan diversas. ¿Por qué, decidme, no puede separarse el placer de la virtud? ¿Sin duda porque el principio de los bienes reside siempre en la virtud, y también nacen de sus raíces las cosas que amáis y apetecéis? Pero si fueran inseparables, no veríamos algunas cosas agradables pero no honestas, y otras, en cambio, virtuosísimas pero ingratas y que se han de realizar entre dolores.

Añade a esto que el placer también llega a la vida depravada, pero la virtud no admite mala vida, y algunos infelices no lo son sin placer, incluso lo son por causa del placer, lo cual no sucedería si la virtud se entremezclase con el placer. La virtud a menudo carece de placer, nunca lo necesita.

¿Por qué unís cosas distintas, incluso contrarias? La virtud es algo grande, excelsa y regia, invencible, infatigable; el placer, bajo, servil, débil, caduco, cuya residencia y domicilio son los burdeles y las tabernas. A la virtud la encuentras en el templo, en el foro, en el senado, defendiendo las murallas, con las manos con callos, acalorada, llena de polvo; al placer a menudo ocultándose y buscando la oscuridad alrededor de los baños públicos y de las estufas (*sudatoria*) y los lugares que teme la policía, sin energía, afeminado, chorreando de vino y ungüentos, pálido o pintarrajeado y maquillado con cosméticos como un cadáver.

El bien supremo es inmortal, no sabe marcharse, y no produce saciedad ni remordimiento; la mente recta nunca se altera ni tiene autocompasión ni algo la desvía de la vida óptima. Pero el placer, cuando más deleita, se acaba; no tiene mucho espacio y se llena muy rápido y causa hastío, y se marchita después del primer ímpetu. No es nunca firme lo que en su propia naturaleza es variable. Así, no puede tener ciertamente solidez lo que llega y pasa tan rápido como para acabarse en su mismo uso; dirigiéndose a acabarse desde el principio y viendo su fin mientras comienza.

CAPÍTULO VIII: Vivir feliz es vivir según la naturaleza

Pues qué diremos si tanto en los buenos como en los malos hay placer y no menos disfrutan los torpes su vergüenza que los honestos las cosas buenas. Ciertamente, nos encomendaron los antiguos seguir la vida óptima, no la más placentera, para que el placer sea compañero, no jefe, de la recta y buena voluntad. Hay que usar a la naturaleza como guía, la razón la observa y la consulta.

Pues es lo mismo vivir feliz que según la naturaleza. Cómo sea esto, lo explicaré ahora. Si conserváramos diligentemente y sin miedo las dotes corporales y lo conforme a la naturaleza, como si hubieran sido dados para el día y fugaces; si no soportáramos ser sus siervos y no nos poseyeran esas cosas ajenas; si las cosas gratas para el cuerpo y las pasajeras estuvieran para nosotros en el mismo lugar donde se colocan en los campamentos las tropas auxiliares y las tropas ligeras; sirvan estas, no manden; solo así serán útiles para la mente.

Sea un hombre incorrupto y que no le venzan las cosas externas, insuperable, cuidador solo de sí, confiado con ánimo fuerte y preparado para cosas buenas y malas, artífice de su vida; que no sea su confianza sin conocimiento y su conocimiento sin constancia. Permanezcan en él las que una vez eligió y ninguna se borre de su determinación. Entiéndase, aunque no lo diga expresamente, que ha de ser bien dispuesto y ordenado y, en lo que realiza, magnífico con afabilidad.

Indague la razón de las cosas externas propuestas por los sentidos y tomando de allí los principios, pues no se puede comenzar de otra manera ni tomar impulso hacia la verdad, a sí mismo vuelva. Pues el mundo, que abarca todas las cosas, y Dios rector del universo también tiende a las cosas exteriores, pero, sin embargo, vuelve hacia dentro de sí de todas partes. Que nuestra mente haga igual y, cuando habiendo seguido sus sentidos, se hubiera extendido hasta las cosas externas, tenga poder sobre ellos y sobre sí misma.

De este modo, se conseguirá una unidad de fuerza y poder conforme consigo misma, y nacerá una razón segura, sin contradicciones ni dudas en las opiniones y comprensiones ni en su convicción. La cual cuando se ordena y conjunta sus partes y, por así decir, se armoniza, alcanza el sumo bien. Pues nada malo, nada inseguro permanece, nada donde tropezar o caer.

Hará todas las cosas por su propia autoridad, y ninguna imprevista sucederá, sino cuanto haga resultará bien, fácil, preparado y sin vacilación al obrar, pues la pereza y la duda indican lucha e inconstancia. Por lo cual, puedes proclamar que el sumo bien es la concordia del espíritu, pues las virtudes deberán estar donde hay armonía y unidad. Los vicios entre sí discrepan.

CAPÍTULO IX: No hay que cultivar la virtud por el placer, sino por ella misma

Pero tú mismo, se dice, no cultivas la virtud por otra cosa, sino porque esperas de ella algún placer. En primer lugar, si la virtud ha de proporcionar placer, no se la busca por eso, pues no lo proporciona sino por añadidura; no se esfuerza por conseguirlo, sino que su esfuerzo, aunque intente otra cosa, lo alcanzará también.

Como en un campo que está preparado para la siega algunas flores nacen aquí y allá, no sin embargo a estas hierbecitas, aunque agraden a los ojos, no ha dedicado él tanto esfuerzo —otro fue el propósito del sembrador, este vino por añadidura—, así el placer no es recompensa ni causa de la virtud, sino accesorio, y no lo aceptamos porque deleita, sino que deleita porque lo aceptamos.

El sumo bien consiste en su propia elección y en la disposición de un espíritu perfecto, el cual, al completar todo su recorrido y guarnecer a sus límites, ha alcanzado el sumo bien y no desea nada más. Pues no hay nada más allá del todo ni tampoco más allá del fin. Y así, te equivocas cuando preguntas qué será aquello por lo que pido la virtud, pues buscas algo por encima de lo supremo. ¿Preguntas qué pido de la virtud? A ella misma.

Pues no tiene nada mejor, ella misma es su premio. ¿O eso te parece poco? Cuando te diga: el sumo bien es la firmeza, la previsión, la grandeza, la cordura, la libertad, la armonía, la belleza de un espíritu inquebrantable, ¿vas a exigir algo mayor que estas cosas? ¿Por qué me hablas del placer? Busco el bien del hombre, no del vientre, que las bestias y las fieras tienen más grande.

CAPÍTULO X: Sobre el placer

«Malinterpretas lo que digo, dirá. Yo niego que alguien pueda vivir agradablemente si no vive al mismo tiempo virtuosamente, lo cual no puede suceder a los mudos animales ni a los que miden su bien por la comida. Con claridad, dice, y abiertamente afirmo que esta vida, la que llamo agradable, no sucede sino acompañada de la virtud».

Pero ¿alguien ignora que son muy estúpidos los que se atiborran con vuestros placeres y que la maldad abunda en goces y que el espíritu mismo no solo sugiere malos géneros de placer, sino muchedumbre de ellos? En primer lugar, la insolencia y la excesiva estimación propia, y un engreimiento elevado sobre los demás y un amor ciego e irreflexivo de sus propios intereses, placeres pasajeros, y excitación por pequeñas y pueriles causas, además de la mordacidad y la soberbia que se alegra con los insultos, la pereza y la flojedad de un espíritu apático, dormido sobre sí mismo.

Todas estas cosas las disipa la virtud y nos previene y examina los placeres antes de admitirlos, y de los que aprueba, hace poco caso o solo los acepta, y no se alegra de su uso, sino de la templanza.

La templanza, puesto que modera los placeres, es un atentado al sumo bien. Tú abrazas el placer, yo lo reprimo; tú gozas del placer, yo lo uso; tú lo consideras un bien supremo, yo no lo considero ni un bien; tú haces todo lo posible por el placer, yo nada.

CAPÍTULO XI: La virtud no se tiene que supeditar a los placeres

Cuando digo que no hago nada por causa del placer, hablo del auténtico sabio, al único que le concedes tener placer. No llamo sabio, sin embargo, a aquel sobre quien tiene poder algo, y mucho menos si es el placer. Pues ocupado por este, ¿cómo resistirá al trabajo y al peligro, a la necesidad y a tantas amenazas como trastocan la vida humana? ¿Cómo se enfrentará a la presencia de la muerte, cómo a los sufrimientos, cómo a los estrépitos del mundo y a tantos enemigos acérrimos si está vencido por tan blando adversario? Cuanto le diga el placer, lo hará. ¿No ves cuántas cosas le aconsejará?

«Nada vergonzoso, dices, le podrá aconsejar, porque está unido a la virtud». De nuevo, ¿no ves cuál es tal el sumo bien, que necesita un vigilante para que sea bueno? ¿Y la virtud, de qué modo dirigirá al placer, al que sigue, cuando seguir es propio de súbditos y dirigir de jefes? ¿Pones detrás al que manda? ¡Excelente cometido tiene la virtud entre vosotros, probar los placeres!

Pero veremos si todavía es virtud la virtud que es tratada con tanta afrenta, porque no puede mantener su nombre si cede su puesto. Mientras tanto mostraré, pues es de lo que se trata, a muchos que están obsesionados con los placeres, sobre los que la fortuna derramó todos sus dones, y a los que tendrás que reconocer como malos.

Mira a Nomentano y Apicio, buscando, como ellos dicen, los bienes de la tierra y el mar; sobre su mesa se reconocen todo tipo de animales; míralos en su lecho de rosas esperando su manjar, deleitando sus oídos con el sonido de las voces, los ojos con los espectáculos, su paladar con los sabores. Todo su cuerpo excitado con masajes delicados y suaves, y para que la nariz no descanse, se impregnan con olores variados en el mismo lugar en que se adora la lujuria. Dices que estos están en los placeres, pero no que lo pasan bien, porque no disfrutan del bien.

CAPÍTULO XII: No hay que vincular placer y virtud

Les hará mal, dices, porque intervienen en muchas cosas que perturban el ánimo y las opiniones entre sí contrarias inquietarán su mente. Concedo que sea así. Pero sin embargo esos mismos necios, inconstantes y situados bajo el golpe del remordimiento, grandes placeres reciben, de modo que hay que confesar que en esos momentos están tan lejos de toda molestia cuanto del buen sentido, y lo que más suele suceder a la mayoría, padecen una insana alegría y enloquecen entre risas.

Por el contrario, los placeres de los sabios son tranquilos y moderados y suaves y contenidos y apenas se notan, pues estos vienen sin ser llamados y aunque por sí mismos llegaran, no son recibidos ni con honor ni con gozo alguno por parte de los que los experimentan; pues los mezclan y los combinan en la vida como el juego y lo divertido con lo serio.

Hay que dejar de unir cosas incompatibles y de vincular el placer con la virtud, vicio mediante el cual se adula a los peores. El que está inmerso en los placeres, siempre saciado y ebrio, porque sabe que vive con el placer, cree hacerlo también con la virtud; pues oye que no se puede separar el placer de la virtud, y entonces da a sus vicios el nombre de sabiduría y ostenta lo que debería ocultar.

Así, no se entregan a la lujuria impulsados por Epicuro, sino que, proclives a los vicios, esconden su lujuria en la filosofía y allí van, donde oyen alabar el placer. Y no tienen en cuenta qué sobrio y seco es el placer de Epicuro, al menos como lo entiendo yo, sino que llegan al nombre buscando una justificación y un escondrijo para sus desenfrenos.

Por eso lo único bueno que tenían lo pierden entre sus males: la vergüenza del pecado. Pues alaban aquellas cosas con las que se sonrojaban y se vanaglorian en el vicio. Por eso ciertamente no puede ni siquiera levantarse la juventud, porque se da un título honesto a la torpe indolencia. Por eso es por lo que esta alabanza del placer es perniciosa, porque oculta las enseñanzas honestas y manifiesta lo que corrompe.

CAPÍTULO XIII: Sobre Epicuro

Yo soy de la misma opinión, y lo diré aunque esto no guste entre nuestros seguidores, Epicuro enseña cosas respetables, razonables y, por decirlo más propiamente, austeras. Pues denomina placer a algo pequeño y pobre, y la ley que nosotros atribuimos a la virtud, él la asigna al placer: le manda obedecer a la naturaleza. Poco es para la sensualidad lo que es bastante para la naturaleza. Entonces, ¿qué?

El que llama felicidad al ocio desocupado y a la alternancia de gula y lujuria busca un buen promotor para una mala causa y, cuando llega atraído por un hermoso nombre, no encuentra el placer que esperaba, sino el que traía, y cuando empieza a pensar que sus vicios son semejantes a los preceptos, cede a ellos sin recato y se goza, no a escondidas, sino ya descaradamente. Y así, no diré como la mayoría de los nuestros que la secta de Epicuro es maestra de escándalos/cosas vergonzosas, sino que tiene mala fama, mala reputación, y eso es inmerecido. ¿Quién puede saber esto sino quien es admitido en ella?

Su misma apariencia da lugar a las habladurías y provoca malsanas esperanzas. Se parece a un hombre fuerte vestido de mujer.

Permanece la vergüenza, está a salvo la virilidad, tu cuerpo está libre de baja sumisión, pero lo vas anunciando. Hay que elegir un título honesto y una inscripción que por sí misma aliente al espíritu a rechazar los vicios.

El que se acerca a la virtud da prueba de una naturaleza noble, el que sigue el placer, se muestra débil, quebrantado, menos masculino, propenso a las cosas torpes, a no ser que alguien le enseñe a discriminar entre los placeres para que sepa cuáles están en los límites del deseo natural, y conducen al precipicio y son infinitos y cuanto más se les alimenta, se vuelven más insaciables.

Hay que conseguir que la virtud vaya por delante, y cada paso estará seguro. El placer excesivo daña; en la virtud no hay que temer que sea excesiva, porque en ella misma se contiene la medida. No es bueno lo que sufre por su propia magnitud.

Además, a la naturaleza racional que os tocó en suerte, qué mejor cosa que proponerle como guía la razón. Si os agrada esta unión, si gusta que el placer vaya como compañero de la vida feliz, que preceda siempre la virtud y le acompañe el placer y vaya junto a ella, como la sombra junto al cuerpo. Ciertamente, tratar a la virtud, excelsa señora, como esclava del placer no es propio de un espíritu capaz de concebir nada grande.

CAPÍTULO XIV: La virtud tiene que ir a la cabeza en nuestras acciones

Que vaya primera la virtud, que lleve el estandarte. No tendremos por eso menos placer, pero seremos señores y moderadores del mismo. Algo nos incitará, nada nos obligará. Pero estos, quienes entregaron sus principios al placer, carecen de ambos; pues pierden la virtud, pero ellos no tienen al placer, sino el placer a ellos. Se atormentan por su falta o se ahogan en su abundancia.

Desdichados si les abandona, más desdichados si los abruma, como los atrapados en el mar de las Sirtes, ya quedan varados en la arena, ya agitados por olas impetuosas.

Esto sucede por una excesiva intemperancia y un deseo ciego del objeto; pues al que pide lo malo como bueno le resulta peligroso alcanzarlo. Así como a las fieras cazamos con esfuerzo y peligro y la posesión de las que cazamos es intranquila, pues a menudo hieren a sus dueños, del mismo modo los que poseen grandes placeres caen en grandes males y los antes capturados los apresan. Estos, cuanto más variados y grandes son, hacen más pequeño y siervo de más señores a aquel al que el vulgo llama feliz.

Quiero insistir en esta imagen: del mismo modo que el que busca las guaridas de las fieras y le gusta mucho capturarlas con lazo y rodear los anchos bosques con perros para seguir sus huellas renuncia a ocupaciones mejores y a muchos deberes, así quien persigue el placer pospone todas las cosas y lo primero que descuida es la libertad, que hace depender del vientre, y no compra los placeres para sí, sino que se vende a los placeres.

CAPÍTULO XV: Por qué no juntar virtud y placer

«¿Pero, sin embargo, qué impide que se junten en uno la virtud y el placer y así conseguir que el sumo bien sea a la vez honesto y gozoso?»

Porque cualquier parte de lo honesto no puede ser sino honesto, y el sumo bien no tendrá su pureza si tuviera algo en sí distinto de lo mejor.

Ni siquiera el gozo que nace de la virtud, aunque sea un bien, es una parte del bien absoluto: no más que la alegría y la serenidad, aunque nazcan de causas excelentes; pues estas cosas son buenas, pero son consecuencia y no complemento del sumo bien.

Quien hace una unión entre la virtud y el placer, aun sin ponerlos, por cierto, en igualdad, con la fragilidad de un bien algo del vigor del otro debilita, y la libertad, que sería invencible solamente si nada más precioso que ella misma conoce, pone bajo un yugo. Pues, lo que es la máxima servidumbre comienza a necesitar a la fortuna, a lo que sigue una vida con ansiedad, suspicacia, inquieta, temerosa del azar, pendiente de cada momento.

No proporcionas a la virtud unos cimientos sólidos, inmutables, sino que la ordenas permanecer en un lugar inestable. Pues, ¿qué hay tan voluble como la espera de las cosas que vienen por casualidad y los cambios del cuerpo y de las cosas que lo afectan? ¿De qué modo puede obedecer a Dios y soportar lo que vaya viniendo con buen ánimo, no quejarse del destino, siendo benigno intérprete de las cosas que suceden al azar, si le dañan las punzaditas de placeres y dolores? Ni siquiera será un buen guardián o defensor de la patria ni protector de sus amigos si se inclina a los placeres.

Que el sumo bien se ponga bien arriba en un lugar de donde no pueda ser arrastrado abajo, a donde no tengan entrada ni el dolor, ni la esperanza, ni el temor ni ninguna otra cosa que haga menoscabo a la autoridad del sumo bien, al que solo pueda ascender la virtud. Esa cuesta ha de vencerse con el paso de aquella; aquella se establecerá fuertemente y lo que sucediera lo soportará no solo paciente, sino también queriéndolo; y todas las dificultades de los tiempos sabe que son ley de la naturaleza y, como un buen soldado, soportará las heridas, contará las cicatrices y, muriendo traspasado por las flechas, lo amará, al jefe por el que cae; tendrá siempre en su espíritu el viejo mandato: sigue a Dios.

Sin embargo, el que se queja y llora y gime es obligado a la fuerza a hacer lo mandado y no por ello menos contra su voluntad se le lleva a lo que le es ordenado. ¡Qué locura es preferir ser arrastrado que seguir! Tanto como, por Hércules, sería necedad e ignorancia de la propia condición el dolerse de lo suyo, que te falte algo o te ocurra algo grave, o igualmente admirarte o soportar indignamente estas cosas, que suceden igualmente a los buenos que a los malos; me refiero a las enfermedades, los funerales, las debilidades y las restantes cosas que suceden inesperadamente a lo largo de la vida humana. Todo lo que ha de soportarse de acuerdo a la propia constitución del universo, manténgase con gran ánimo.

A esta sagrada obligación estamos sujetos: a soportar lo que nos corresponde como mortales y no ser perturbados por aquello que no está en nuestro poder evitar. Hemos nacido en un reino: la libertad es obedecer a Dios.

CAPÍTULO XVI: La verdadera felicidad reside en la virtud y es suficiente para vivir feliz

Así pues, la verdadera felicidad reside en la virtud. ¿Qué te aconsejará esta virtud? Que no juzgues nada bueno o malo de aquello que ni por virtud ni por maldad sucede; después, que seas inconmovible contra el mal y respecto al bien para que, en tanto sea lícito, te asemejes a Dios.

¿Qué te promete esta empresa? Grandes bienes e iguales a los divinos. Nada ser obligado, nada necesitar, serás libre, seguro, indemne; nada intentarás en vano, nada tendrás prohibido; todo te saldrá conforme a tus deseos, no te ocurrirá nada adverso, nada contra tu opinión ni contra tu voluntad. Entonces, ¿qué?

¿Es suficiente la virtud para vivir feliz? Es perfecta y divina; cómo no ha de bastar, incluso es más que suficiente. ¿Qué puede faltar al que está más allá de todo deseo? ¿Qué necesidad hay de algo externo para quien tiene todo recogido en sí? Pero aquel que tiende hacia la fortuna, incluso si ha avanzado mucho, necesita algún favor de la fortuna mientras lucha entre los afanes humanos, mientras desata ese nudo y todo vínculo mortal. ¿Qué diferencia hay? Que unos están atados, otros amarrados o incluso encadenados. El que ha llegado a un nivel superior y se ha elevado más alto arrastra una cadena más floja, aunque todavía no es libre; ya, sin embargo, está cerca de la libertad.

CAPÍTULO XVII: Coherencia entre palabras y vida

Pero si alguno de estos que ladran contra la filosofía dijera lo que suelen: «¿Por qué hablas con más energía de la que vives? ¿Por qué bajas el tono de voz ante un superior y consideras que el dinero es un instrumento necesario y te alteras por un contratiempo y derramas lágrimas cuando te enteras de la muerte de tu esposa o de un amigo, te preocupas por tu fama y te afectan los cotilleos malvados?

»¿Por qué tu campo está más cultivado de lo que aconseja el uso natural? ¿Por qué no cenas según tus propios consejos? ¿Por qué tus muebles son los más espléndidos? ¿Por qué se bebe en tu casa un vino más viejo que tú? Por qué se instala una pajarera? ¿Por qué se plantan árboles que nada más que para dar sombra valen? ¿Por qué tu esposa lleva unas orejas con más riquezas que una casa rica? ¿Por qué llevan ropas preciosas los esclavos que cuidan a los niños? ¿Por qué en tu casa es un arte servir (la mesa) y no al azar y como place disponer los cubiertos, sino que se sirve con pericia y hay alguien especialista en cortar la comida?». Añade, si quieres: «¿Por qué tienes posesiones en ultramar? ¿Por qué tienes más de las que conoces? ¿Tan torpe o tan negligente eres que no conoces a unos pocos esclavos o con tanto lujo que tienes más de los que tu memoria puede retener?».

Responderé luego a tus reproches y me haré más reproches de los que piensas. No soy un sabio y, aunque alimente tu malevolencia, tampoco lo seré. Por eso, exígeme que sea mejor que los malos, no igual que los mejores. Esto es bastante para mí, cotidianamente limar algo de mis vicios y censurar mis errores.

No he alcanzado la salud, ni quizá la consiga; busco más alivio que remedio de la gota, me contento si me sucede menos frecuentemente y si me martiriza menos; pero comparado con vuestros pies, soy un corredor débil. Esto no lo hablo por mí, pues yo estoy en medio de los vicios, sino por aquel que algo ha conseguido.

CAPÍTULO XVIII: Coherencia entre palabras y vida

Hablas de una manera y vives de otra, dices. Esto mismo, cabezas malignas y enemigas de lo mejor, se objetó a Platón, a Epicuro, a Zenón: pues todos decían no de qué modo vivían ellos mismos, sino cómo hubieran debido vivir. Hablo de la virtud, no de mí, y cuando ataco a los vicios, lo hago primero con los míos.

Cuando pueda, viviré como convenga. Y ni esta maldad empapada de veneno me alejará de los mejores; ni este virus, con el que a otros rociáis y con el que os matáis a vosotros mismos, me impedirá, ni mucho menos, continuar alabando la vida, no la que llevo, sino la que sé que tengo que llevar, ni mucho menos que adore a la virtud y que desde gran distancia la siga, incluso arrastrándome.

¿Pues voy a esperar que haya algo respetable para la malevolencia, para quienes no fueron sagrados ni Rutilio ni Catón? Se tendrá que preocupar alguien de no ser considerado rico por estos para los que Demetrio el cínico fue poco pobre. Un hombre enérgico y luchador contra todos los deseos de la naturaleza, más pobre que los demás cínicos que, como tenían prohibido tener nada, se prohibió pedir…, niegan que fuera lo bastante pobre, lo ves, porque no profesó la ciencia de la virtud, sino la de la pobreza.

CAPÍTULO XIX: Maledicencia contra los virtuosos

Niegan que Diodoro, filósofo epicúreo que hace pocos días puso fin a su vida por su propia mano, siguiera los preceptos de Epicuro al cortarse el cuello. Unos quieren ver locura en él, otros, temeridad; él, entretanto, feliz y lleno de buena conciencia, dio testimonio de sí mismo dejando la vida, y alabó la tranquilidad del tiempo pasado en el puerto y amarrado al ancla y dijo, lo cual oísteis sin querer, como si lo tuvierais que hacer vosotros: «He vivido y recorrí el camino que me diera la fortuna».

Discutís de la vida de uno, de la muerte de otro y si por alguna causa alaban el nombre de hombres grandes, ladráis como los perrillos que salen al encuentro de un desconocido. Os conviene que nadie parezca bueno, como si la virtud ajena fuera una acusación contra vuestros delitos. Comparáis las cosas limpias con vuestras bajezas, y no sabéis cuánto hace esto en vuestra contra. ¿Pues si quienes siguen la virtud son avaros, deshonestos y ambiciosos, qué seréis vosotros, para quienes la misma palabra «virtud» es odiosa?

Negáis que alguno cumpla su palabra, y que viva según el ejemplo de lo que dice. ¿Qué tiene de extraño eso, si dicen cosas valientes, poderosas y que franquean todas las tormentas humanas, procurando desclavarse de las cruces, en las que cada uno de vosotros se clava con sus propios clavos, sin embargo, y llevados al suplicio penden de un solo madero, pero estos, quienes a sí mismos alteran su ánimo, se dividen en tantas cruces como deseos? Y como son mordaces, son ingeniosos en lanzar injurias… Creería que ellos no sufren esos males si no fuera porque algunos escupen desde su propia cruz a quienes les miran.

CAPÍTULO XX: No cumplen los filósofos lo que dicen

«No cumplen los filósofos lo que dicen». Mucho hacen, sin embargo, de lo que dicen, de lo que piensan con honesta mente. Pues si lo mismo hicieran que lo que dicen, ¿quién sería más feliz que ellos? Pero no hay que despreciar las buenas palabras ni los corazones llenos con buenos pensamientos. Más allá de sus efectos, hay que alabar el cultivo de los estudios saludables.

¿Es extraño si no alcanzan la cumbre los que suben por pendientes escarpadas? Pero si eres hombre, admira, aunque caigan, a los que intentan cosas grandes. El que intenta realizar cosas grandes considerando no su fuerza sino la de su naturaleza y concebir empresas mayores que las que se pueden alcanzar incluso revestidos con un ánimo inmenso, es de ánimo noble.

El que se propuso esto: «Veré a la muerte y a una comedia con el mismo rostro con que oigo hablar de ella. Yo soportaré los trabajos, por grandes que sean, sean como fueren, sosteniendo el cuerpo con el espíritu. Yo despreciaré las riquezas presentes y ausentes, y no estaré triste si están en otro sitio ni, si relucen cerca de mí, más contento. No me afectará la fortuna que llega ni la que se va. Yo consideraré las tierras de todos como propias y las propias como de todos. Viviré como sabiendo que he nacido para los demás, daré gracias por esto en nombre de la naturaleza de las cosas, pues ¿de qué mejor manera podría ella atender mis asuntos?

»Me dio a mí para todos, y a todos para mí. Lo que tenga, ni lo esconderé mezquinamente ni lo dilapidaré pródigamente. No creeré poseer mejor más que lo bien dado. No numeraré ni consideraré los beneficios ni por otra estimación sino la que tenga el que los recibe. Nunca estimaré en mucho lo que reciba un hombre digno. Nada haré a causa de la opinión, todo por la conciencia. Creeré que hago ante todos lo que haga yo solo.

»La finalidad de comer y de beber será para mí satisfacer los deseos naturales, no llenar la barriga y vaciarla. Seré alegre para los amigos, suave y dispuesto con los enemigos. Cederé antes de que me rueguen y me anticiparé a las peticiones honestas.

»Sabré que el mundo es mi patria y los dioses la presiden, a estos sobre mí y a mi alrededor censores de mis acciones y palabras. Y cuando la naturaleza reclame mi espíritu o lo despida la razón, me iré con el testimonio de haber amado la buena conciencia, los buenos estudios, ninguno haber disminuido su libertad por mi causa, y la mía mínimamente». El que se proponga, quien intente hacer esto, seguirá el camino de los dioses, y si no lo alcanza, habrá caído después de haber intentado cosas grandes.

Vosotros, ciertamente, que odiáis a la virtud y a quienes la cultivan, nada nuevo hacéis. Pues al sol los ojos enfermos temen y rehúyen el día luminoso los animales nocturnos, que en cuanto comienza a amanecer se quedan pasmados, buscan sus escondrijos por doquier y se ocultan en alguna hendidura, temerosos de la luz. Gemid y moved vuestra lengua para dañar a los buenos, abrid la boca, morded; más rápidamente os romperéis los dientes que dejaréis marca.

CAPÍTULO XXI: Dice cómo considerar y usar las riquezas

¿Por qué ese que es estudioso de la filosofía lleva una vida tan lujosa? ¿Por qué dice despreciar las riquezas y las tiene? ¿Piensa que la vida ha de ser despreciada y, sin embargo, vive? ¿Que la salud ha de ser despreciada y, sin embargo, la cuida con esmero y prefiere excelente? ¿Y piensa que exilio es una palabra vacía y dice: «¿Qué hay de malo en cambiar de lugar?», pero, si puede, envejece en su patria? ¿Y juzga que nada interesa entre un tiempo más largo o más corto de vida, pero si nada lo impide, prolonga su vida y ya muy viejo gusta de estar juvenil?

Dice que se deben despreciar estas cosas, no que no se tengan, sino que no se tengan con avaricia; no las aleja de sí, pero si se van, sigue tranquilo. Ciertamente, ¿dónde pondrá la fortuna con más seguridad las riquezas que allí donde sin protesta del que las devuelve las ha de recobrar?

Marco Catón, cuando alabara a Curio y a Coruncanio y a aquel tiempo, en el que era delito de los censores tener unas pocas laminitas de plata, poseía él cuatro millones de sestercios, menos sin duda que Craso, más que el censor Catón. Con mayor espacio, si se compara, ganaba a su abuelo que era ganado por Craso, y si le hubiesen correspondido más riquezas, no las hubiese rechazado.

Pues el sabio no se cree indigno de los dones de la fortuna. No ama las riquezas, pero las prefiere; no las recibe en su alma, sino en su casa, y no rechaza las que posee, pero las controla y quiere que sirvan para dar a su virtud más materia.

CAPÍTULO XXII: Es preferible tener riquezas que no tenerlas

Pues ¿quién duda que tiene más posibilidad de desarrollar su espíritu el hombre sabio en las riquezas que en la pobreza?, pues en esta solo hay un género de virtud hay, no decaer ni deprimirse; en las riquezas tienen campo abierto la templanza, la generosidad, el ahorro, la diligencia, la buena disposición y la magnificencia.

No se desprecia el sabio, incluso si fuera de pequeña estatura y quisiera ser alto. Y débil de cuerpo y con un ojo de menos estará bien, aunque prefiera ser fuerte, y esto es así porque sabe que hay algo en él más vigoroso. Soportará la mala salud, la deseará buena. Pues algunas cosas, incluso si para la totalidad son pequeñas y sin ruina del bien principal se pueden quitar, sin embargo, añaden algo para la constante alegría que nace de la virtud. Así a él le afectan las riquezas y le alegran, como al navegante el viento favorable y propicio o un día bueno y un lugar al resguardo de la bruma y el frío.

¿Cuál, ciertamente, de los sabios, de los nuestros, digo, para los que la virtud es el único bien, niega que estas cosas que llamamos indiferentes tengan algún valor y unas sean preferibles a otras? A algunas de ellas se les atribuye algún valor, a otras mucho. Así pues, no te equivoques, las riquezas están entre las cosas preferibles.

¿Por qué pues, dices, te ríes de mí, si ocupan el mismo lugar para ti que para mí? ¿Quieres saber que no tienen el mismo lugar en absoluto? Para mí las riquezas, si se perdieran, nada me quitarían salvo ellas mismas; tú te quedarás atónito y te verás a ti mismo como abandonado si ellas te dejaran; para mí las riquezas ocupan un cierto lugar, para ti lo más alto; por último, las riquezas son mías, tú eres de las riquezas.

CAPÍTULO XXIII: Relación del sabio con las riquezas

No prohíbas el dinero a los filósofos; nadie condenó la sabiduría a la pobreza. Tendrá el filósofo muchas riquezas, pero no robadas a nadie ni ensangrentadas con sangre ajena; adquiridas sin menoscabo de nadie, sin negocios sucios, de las que tan honesta es la salida como la entrada; a las que nadie lamente sino los avaros. Amontónalas cuanto quieras, son honestas. En estas, como son muchas, alguno quiere decir que hay algo suyo; no hay nada que alguno pueda llamar suyo.

Él ciertamente no rechazará la bonanza de la fortuna y con el patrimonio adquirido honestamente ni se gloriará ni le avergonzará. Podrá enorgullecerse sin embargo si abierta su casa e invitando en ella a toda la ciudad dijera: «Lo que cada uno reconozca como suyo, que se lo lleve». Qué gran hombre, qué excelente rico, si después de decir esto tuviera lo mismo. Así digo, si confiado y seguro se ofrece a la investigación del pueblo, si nada ninguno en la casa encontrara a que echar mano, será rico valerosa y abiertamente.

El sabio no admite que entre en su casa ningún denario mal conseguido, pero no repudiará ni rechazará las grandes riquezas que sean don de la fortuna y fruto de la virtud. ¿Pues por qué les evitará a ellas un buen lugar? Si vienen, las acogerá. Ni las ostentará ni las esconderá —lo primero es propio de un espíritu necio, lo segundo de alguien débil y pusilánime, como si escondiera en el seno un gran bien— ni, como dije, las echará de casa.

¿Qué les dirá? ¿«Sois inútiles» o «Yo no sé utilizar las riquezas»? Del mismo modo que puede caminar a pie, prefiere subir a un vehículo, así aunque pueda ser pobre, prefiere ser rico. Y así tendrá las riquezas, como algo sin importancia y huidizo, y no tolerará que sean gravosas ni para otros ni para sí mismo.

Donará… ¿por qué aguzáis los oídos?, ¿por qué alargáis la bolsa? Donará a los buenos o a los que pudiera hacer buenos. Dará con gran prudencia eligiendo a los más dignos, como quien recuerda que hay que dar cuenta tanto de los ingresos como de los gastos. Donará por causa honrada y justificada, pues entre las malas pérdidas está el regalo malo; tendrá el bolsillo fácil, no roto, del cual saldrán muchas cosas, nada se caerá.

CAPÍTULO XXIV: Cómo dará el sabio de su riqueza a quien lo necesite

Se equivoca quien piensa que es fácil dar. Tiene mucha dificultad, si se hace con juicio y no al azar y de arrebato de derroche. A este lo hago acreedor, a este devuelvo, a ese socorro, a aquel compadezco, a aquel lo equipo para que no lo arrastre la pobreza ni lo domine, a algunos no daré, aunque lo necesiten, porque, aunque les diera, les faltaría; a algunos les ofreceré, a otros incluso les obligaré. No puedo ser negligente en este asunto, nunca hago mejores préstamos que cuando doy.

¿Cómo?, dices, ¿das para recibir? No, para no perder. La donación se tiene que poner en un lugar donde no se reclame, pero donde se pueda devolver. El beneficio hay que ponerlo, al igual que un tesoro profundamente enterrado al que no sacarás, a no ser que fuera necesario. ¿Qué? La casa misma del hombre rico cuánta materia ofrece para hacer el bien.

Pues ¿quién llama liberalidad solo a lo que hacen los ciudadanos romanos? La naturaleza me manda ayudar a los hombres siervos o libres, nacido libre o liberto, de libertad legal o dada entre amigos, ¿qué importa? Dondequiera que hay un hombre, allí hay posibilidad de hacer favores. Y así se puede difundir la riqueza incluso dentro de casa y ejercer la liberalidad, que, no porque se deba a los libres, sino porque se hace con espíritu libre así se denomina. Esta en el sabio nunca se arroja a desvergonzados o indignos y nunca tan agotada está que no, en cuanto encuentra alguno digno, se derrame completamente.

No hay que entender mal las cosas que dicen con energía, animosamente, los estudiosos de la sabiduría. Y fijaos en esto en primer lugar, una cosa es el estudioso de la sabiduría, otra el adepto a la sabiduría. Aquel te dice: «Hablo óptimamente, pero todavía camino entre muchas cosas malas. No tienen que exigirme según mis palabras. En lo que puedo hago, me formo y tiendo al modelo mejor; si avanzo cuanto me propuse, exígeme que mis palabras concuerden con mis hechos». El que ha conseguido la cima del bien humano actuará contigo de otra manera y dirá: «En primer lugar, no puedes permitirte juzgar a los mejores, a mí ya me ocurre, lo que es una prueba de mi rectitud, que desagrado a los malos».

Pero para explicarte que no envidio a ningún mortal, escucha lo que digo y en cuánto estimo cada cosa. Niego que sean un bien las riquezas, pues si lo fuesen, harían hombres buenos. Pero, puesto que lo que se encuentra entre los malos no puede ser bueno, este nombre no les doy. Por lo demás, confieso que hay que tenerlas, son útiles y proporcionan grandes comodidades a la vida.

CAPÍTULO XXV: Poseer riquezas sin que ellas te posean a ti

A qué se debe que no las cuento entre los bienes, y en qué me diferencio de vosotros respecto a ellas, puesto que convinimos que hay que tenerlas. Ponme en la casa más rica, ponme donde tengan un abundante uso de oro y plata. No me admiraré de estas cosas, que incluso si estuvieran cerca de mí, están fuera de mí. Llévame al puente Sublicio y échame con los pobres; no me despreciarán, porque me considero uno entre ellos, de los que extienden la mano por una limosna. ¿Pues qué importa en esto si un bocado de pan falta al que no le falta poder morir? ¿Qué pues? Prefiero esa casa espléndida al puente.

Ponme en medio de muebles extraordinarios y lujo refinado: en nada me creeré más feliz por tener un manto lujoso, por extender tapices púrpura en mis banquetes. Cambia mi manta, no seré más desgraciado si mi cabeza descansa en una bala de paja, si sobre paja de circo que se sale por los remiendos de viejas telas me acuesto. ¿Pues qué? Prefiero mostrar lo que hay en mi espíritu con la toga pretexta y calzado que con los hombros desnudos y con cortes en los pies.

Que todos los días me sucedan según mi deseo, que se añadan nuevas felicitaciones a las anteriores; no me recrearé en ello. Cambia en contrario esta bonanza del tiempo, aquí y allí el ánimo sea golpeado con daño, con luto, con acometidas varias, que ninguna hora sea sin problema, ciertamente no me contaré mísero entre las cosas miserables, no maldeciré ningún día, me preparé para que ningún día fuera aciago para mí. ¿Qué significa esto? Prefiero moderar las alegrías que contener mis dolores.

Esto te dice Sócrates. Hazme victorioso sobre todas las gentes, que el carro amable de Baco me lleve triunfante hasta Tebas desde la salida del sol, que los reyes de las naciones me pidan derechos; pensaré ser hombre por completo cuando como un dios sea saludado por todas partes. A tan alta cumbre une al momento un cambio brusco, que sea obligado en un ajeno carruaje a adornar la pompa de un vencedor soberbio y feroz, no estaré más humillado bajo un carro ajeno que firme de pie en el mío. ¿Qué quiere decir esto? Que prefiero ser vencedor que vencido.

Despreciaré todo el imperio de la fortuna, pero si se me da la elección, tomaré lo mejor de él. Todo lo que me ocurra resultará bueno, pero prefiero que acontezcan las cosas más fáciles y agradables y menos molestas para el que tiene que habérselas con ellas. Pues no creas que hay ninguna virtud sin trabajo, pero algunas virtudes necesitan estímulos, otras frenos.

De la misma manera que el cuerpo debe ser retenido cuesta abajo, y empujado cuesta arriba, así algunas virtudes van hacia abajo y otras hacia arriba. Acaso se duda que la paciencia, la fortaleza, la perseverancia y las demás virtudes suben, se esfuerzan, luchan contra lo que se opone con dureza a la virtud y vencen a la fortuna. ¿Qué pues?

¿Y no es igualmente manifiesto que van pendiente abajo la liberalidad, la templanza, la mansedumbre? En estas, contenemos al espíritu para que no resbale; en aquellas, lo exhortamos y animamos fuertemente. Así pues, a la pobreza aplicaremos aquellas virtudes que saben luchar, las más fuertes; a las riquezas las más diligentes, las que andan de puntillas y mantienen su equilibrio.

Esto así dividido, prefiero usar esas con las que más tranquilo me encuentro al ejercerlas que esas otras que se experimentan con sangre y sudor. Pues yo tampoco de otra manera, dice el sabio, vivo que hablo, pero vosotros de distinta manera lo oísteis. Solo llegó el sonido de las palabras hasta vuestros oídos: no preguntáis qué significa.

CAPÍTULO XXVI: Para el sabio las riquezas son sirvientes, para el necio son amos

¿Qué diferencia hay entre yo necio y tú sabio, si ambos queremos tener? Mucha. Pues las riquezas en el hombre sabio están como siervas, para el necio como mando. El sabio no tolera nada las riquezas, a vosotros las riquezas todo os permiten. Vosotros, como si alguien os hubiera prometido su eterna posesión, os acostumbráis a ellas y os apegáis; el sabio piensa especialmente en la pobreza cuando está en medio de la riqueza.

Nunca un general confía tanto en la paz que no se prepare para la guerra, pues aunque no se haga, está declarada. A vosotros os hace insolentes una casa hermosa, como si no pudiera quemarse o derrumbarse. A vosotros las riquezas os obnubilan, como si trascendieran a todo peligro y fueran más grandes para vosotros, como si la fortuna no tuviera fuerzas suficientes para consumirlas.

Os apegáis ociosos a las riquezas, sin prever su peligro, como los bárbaros asediados que, desconocedores de las máquinas de asalto, observan indolentes el trabajo de los sitiadores y no entienden para qué son esas cosas que se construyen a lo lejos. Lo mismo os ocurre a vosotros; languidecéis en vuestros asuntos y no pensáis cuántas desgracias se aproximan por todas partes para llevarse precioso botín.

Si alguno quita al sabio sus riquezas, le dejará todo lo suyo; vivirá contento con las cosas presentes, seguro en el porvenir. «Nada más —dirá Sócrates, o algún otro que tiene la misma autoridad y el mismo poder contra las cosas humanas— he dicho a mí mismo que ni respecto a vuestras opiniones variaré los actos de mi vida. Decid donde queráis vuestras usuales palabras; no pensaré que me ofendéis, sino que gimoteáis como infelices niñitos».

Esto dice aquel al que le tocó la sabiduría, al que el espíritu inmune a los vicios manda increpar a otros, no porque los odie, sino para curarlos. Y añadirá: «Vuestra opinión a mí me afecta no por mi nombre, sino por el vuestro, porque odiar y herir a la virtud mientras gritáis es renunciar a la esperanza del bien». No me hacéis ninguna injuria, como tampoco a los dioses quienes tiran un altar. Pero se hace visible la mala intención y el mal propósito también allí donde no se puede hacer daño.

Así soporto vuestros delirios de la misma manera que Júpiter Óptimo Máximo las tonterías de los poetas, de los que uno le puso alas, otro cuernos, otro le describe como adúltero y trasnochador, otro cruel con los dioses, otro injusto con los hombres, otro raptor de hombres libres y parientes, otro parricida y usurpador de un reino ajeno y paterno. Con estas cosas ninguna otra cosa se hubiera conseguido sino quitar en los hombres la vergüenza de pecar si hubiesen creído en tales dioses.

Pero aunque estas cosas en nada me afectan, sin embargo os aconsejo por vuestro propio interés: aceptad la virtud, creed a quienes la han seguido durante largo tiempo y claman que es algo grande y que cada día se engrandece más. Y a ella, como a los dioses y a sus seguidores como a sacerdotes, y cuantas veces se mencionen los libros sagrados, contened la lengua. Esta palabra, como muchos piensan, no viene de favorecer, sino que ordena silencio, para que se pueda cumplir el sacrificio según el ritual sin interrupción de ninguna voz de mal agüero. Pues mucho más necesario es ordenároslo a vosotros para que, siempre que aquel oráculo diga algo, lo escuchéis atentos y callados.

Cuando alguno, tocando el sistro, pretende hablar con autoridad; cuando alguno, hábil en cortar sus músculos, mancha de sangre sus brazos y hombros con mano indecisa; cuando alguna, andando por la calle de rodillas, grita y un viejo vestido con lienzo, con un laurel y llevando un candil en pleno día grita que algún dios está airado, acudís y escucháis, y fomentando mutuamente vuestro estupor, afirmáis que está inspirado.

CAPÍTULO XXVII: Contra la maledicencia

He aquí que Sócrates, desde aquella cárcel a la que purificó entrando en ella y más honesta que cualquier curia transformó, proclama:

¿Qué es esta locura, qué es esta naturaleza contraria a los hombres y a los dioses de infamar las virtudes y con malvadas palabras violar las cosas santas? Si podéis, alabad a los buenos, si no, seguid vuestro camino. Pues si os gusta ejercer esta abominable libertad, meteos unos con otros. Pues cuando contra el cielo hacéis locuras, no digo que hagáis sacrilegio, sino que perdéis el tiempo.

Yo procuré alguna vez a Aristófanes materia para burlas; toda aquella caterva de cómicos derramó sobre mí sus chistes envenenados. Mi virtud fue engrandecida por estas mismas cosas por las que se le atacaba; conviene ser formada y puesta a prueba; ninguno sabe mejor cuánto poder tienen quienes sintieron su fuerza al herirla. La dureza de la piedra no la conoce nadie mejor que el que la golpea.

Me muestro no de otra manera que como una roca aislada en el mar a la que las olas no dejan de golpear por todos los lados; y no ciertamente la mueven del lugar o consumen a lo largo del tiempo con su constante golpeo. Asaltad, haced fuerza, os venceré resistiendo. Todo lo que ataca a estas, que son firmes e insuperables, lo hace para su propio mal. Por tanto, buscad alguna cosa más blanda y que ceda en la que vuestras flechas se claven.

¿Estáis desocupados para indagar en los males ajenos y aguantar las opiniones de cualquiera? ¿Por qué este filósofo vive tan relajadamente? ¿Por qué este cena tan espléndidamente? Observáis las pupas ajenas y estáis llenos de úlceras. Esto es igual que si alguno se riera de los lunares y manchas de cuerpos hermosos, mientras está cubierto de horrible sarna.

Reprochad a Platón que buscara dinero, a Aristóteles que lo recibiera, a Demócrito que no se preocupara por ello, a Epicuro que lo consumiera, a mí mismo objetadme, a Alcibíades y a Fedro; llegaréis a ser máximamente felices cuando por primera vez podáis imitar nuestros vicios. ¿Por qué no examináis mejor vuestros males, que a vosotros desde todos los lugares os traspasan, unos atacando desde fuera, otros ardiendo desde vuestra propia entraña. ¿No están en el mismo lugar las cosas humanas, incluso si conocéis poco vuestra propia situación, que a vosotros tanto ocio os sobre como para hablar en contra de los mejores?

CAPÍTULO XXVIII: No sabéis lo que os pasa

No entendéis esto y tenéis un aspecto ajeno a vuestra fortuna, como muchos que están en el circo o en el teatro ociosos mientras ha ocurrido una desgracia en su casa y no les han dado aún la noticia. Pero yo, mirando desde lo alto, veo qué tempestades o están ya sobre vosotros para romper un poco más tarde sus nubes, o ya cercanas a vosotros para arrebatar vuestras cosas. ¿Qué más? ¿Acaso ahora, incluso si no lo sentís, el torbellino revuelve vuestros espíritus y los voltea mientras huyen y suplican las mismas cosas y tan pronto están elevados a lo más alto como arrastrados a lo más hondo?

V. 205 REFLEXIONES FILOSÓFICAS ESTOICAS

En esta parte le voy a proponer una colección de frases y meditaciones a partir de extractos de filósofos antiguos, en concreto de Publilio Siro, Epicuro, Epicteto, Séneca y Marco Aurelio. También le voy a sugerir algunas de Montaigne. ¿Por qué estos filósofos? Todos ellos tienen en común que consideran que la filosofía tiene como objetivo guiar la vida, servir para la vida, no solo para el intelecto. Algunos tuvieron discípulos o incluso vivían en comunidad, como Epicuro, quien consideraba la amistad como uno de los mayores bienes. La filosofía proporcionaba, a su parecer, los recursos más necesarios para conseguir una vida feliz, porque la felicidad constituía para ellos el objetivo último de la filosofía.

Séneca escribió una colección de cartas para aconsejar y guiar a un discípulo suyo, *Cartas a Lucilio*, además de otras obras para consolar o hacer reflexionar a diversos personajes, como su madre o su tía. Sus pensamientos y frases llegaron a circular en forma de colecciones y breviarios que se leían en los ambientes cultos y cortesanos. El nombre de Séneca se interpretaba como sinónimo de rectitud moral y de sabiduría práctica que podía servir de guía de vida. Hasta los cristianos aconsejaban su lectura y llegaron a llamarle «nuestro Séneca», siendo como fue romano y pagano sin vinculación con el cristianismo.

Pero todos ellos seguían esa forma de entender la filosofía como modo de vida, como una manera activa de plantearse las cosas y actuar. Por eso, en sus escritos, aparece esa intención y proyección hacia el consejo y la guía del espíritu. Y concretamente en la forma en que hablan y exponen las cosas, intentando llegar a la comprensión del lector.

Séneca, Epicteto y Marco Aurelio pertenecen a una escuela filosófica llamada estoicismo. Epicuro aparece en la historia como fundador y máximo representante de la corriente epicúrea o hedonista. Aunque de una escuela muy diferente a la suya, Séneca lo cita en muchas ocasiones debido a su gran valor filosófico y terapéutico. Publilio Siro más que filósofo fue escritor de comedias. Sin embargo, colecciones de sentencias suyas recorrieron toda la Edad Media proporcionando «breviarios» de meditación, en ocasiones atribuyéndoselas a Séneca.

¿Y por qué traemos aquí a Montaigne, francés del siglo XVI? Porque en él late la misma tensión que en la filosofía antigua por acompañar a los seres humanos en este camino de la sabiduría para la vida. Al leer a Montaigne uno tiene la misma sensación que al leer las cartas de Séneca o las meditaciones de Marco Aurelio. La impresión de tener enfrente a un amigo sincero que habla con claridad, honestidad y confianza.

De todos ellos proporcionamos una breve reseña más adelante, para que pueda situarlos mejor en su contexto.

La lectura de estos autores y su meditación no dejan de producir efectos en las personas que se detienen a considerarlos. En ellos late una profunda sabiduría que no envejece y que sirve para encontrar caminos, decisiones y nuevas maneras de ver las cosas.

Para leer y aprovechar estas frases, le repito la frase que escribí antes y que leí de un fraile llamado Roger Schutz, prior del monasterio de Taizé, en Francia: «Si tienes poco tiempo para leer, lee despacio y piensa lo que lees». Justamente la tentación nos dirige al lado contrario, leer deprisa, rápido, intentar leer más, otro libro, otra página web, otro informe. Pero él aconseja: *lee despacio y piensa lo que lees*. Porque la clave para aprovechar una lectura, como cualquier otra actividad, consiste en pensar lo que se lee y lo que se hace. Estas frases, pensamientos y sentencias esperan ser leídas despacio y ser pensadas. En caso contrario, valen de poco.

Le recomiendo que lea cada uno de los pensamientos despacio y lo medite, no tenga prisa por pasar al siguiente.

He recogido sentencias en torno a siete temas que me parecen esenciales para vivir bien, para ser felices, a mi parecer el objetivo último de todos los seres humanos:

✓ Amor/Amistad
✓ Dios/Espiritualidad
✓ Felicidad
✓ Placer
✓ Riqueza/Dinero
✓ Sentido de la vida
✓ Vida/Muerte

Amor / Amistad

En este tema se concentran algunas de nuestras grandes preocupaciones a lo largo de la vida. Quizá una de las cosas en que menos pensamos. Incluso creemos que es algo que sucede porque sí. Y, sin embargo, el amor y la amistad son artes que requieren aprendizaje y entrenamiento. Sirvan estas frases de motivo para pensar en ello.

Aunque puede parecer un motivo poco elevado para la filosofía, ya hicimos ver en el capítulo VII la importancia radical que Platón le concede. Luego, su valor se desdibujó un tanto mientras la filosofía se iba encerrando en las escuelas y universidades. Pero nunca ha dejado de ser una preocupación esencial humana, y por ello, un esencial problema filosófico.

Publilio

La herida de amor la sana el mismo que la hizo.

El amor comienza por los ojos y lo perfecciona la costumbre.

El amor no se puede arrancar, se puede arruinar.

El amante, como las antorchas, se enardece más agitándolo.

El tiempo mata al amor, no el ánimo.

El amor, como las lágrimas, nace en los ojos y como las lágrimas cae en el pecho.

El enfado de los amantes es abono para el amor.

El amante sabe lo que desea, no ve lo que sabe.

El amante enfadado se dice muchas mentiras.

Amar y saber apenas a un dios se le concede.

El amante que sospecha, duerme despierto.

El amor es causa de preocupaciones.

Séneca

Amor por nuestra voluntad se toma, mas no por voluntad nuestra se deja.

La amistad y la enemistad proceden de la voluntad.

Un amor apaga otro amor y un temor otro temor.

El que verdaderamente ama, nunca mira su provecho.

No se debe adquirir el amigo en la mesa.

Quien mucho ama no teme.

Ama como que has de aborrecer, y aborrece como que has de amar.

Todo lo debemos consultar con el amigo; mas primero debemos consultar si lo es.

Tomado un amigo, debe dársele crédito, y antes de tomarle, se le debe juzgar.

Epicteto

De cada una de las cosas, ten presente lo que cada una es. Si te gusta un jarrón de barro, di a ti mismo, es un jarrón de barro y, si se rompe, no te molestarás. Si amas a tu mujer, a tu hijo, di a ti mismo que amas a un ser mortal y, si muere, no te turbarás.

Montaigne

El último extremo de la perfección en las relaciones que ligan a los humanos reside en la amistad; por lo general, todas las simpatías que el amor, el interés y la necesidad privada o pública forjan y sostienen, son tanto menos generosas, tanto menos amistades, cuanto que a ellas se unen otros fines distintos a los de la amistad considerada en sí misma.

La amistad es el más alto grado de perfección de la sociedad.

No hay desierto como el vivir sin amigos; la amistad multiplica los bienes y reparte los males, es el único remedio contra la adversa fortuna, y un desahogo del alma.

Quien no vive de algún modo para los demás, tampoco vive para sí mismo.

Cada virtud solo necesita un hombre; pero la amistad necesita dos.

Es preciso prestarse a los otros, pero no darse sino a uno mismo.

Eso que solemos llamar «amigos» y «amistad» no son sino vínculos trabados por algún interés o a causa del azar, a través de los cuales nuestras almas se relacionan entre sí. En la amistad de la que yo hablo, las almas se enlazan y confunden la una con la otra en una mezcla tan universal que no hay manera de reconocer la costura que las une.

La afección hacia las mujeres, aunque nazca de nuestra elección, tampoco puede equipararse a la amistad. Su fuego, lo confieso, es más activo, más fuerte y más rudo, pero es un fuego temerario, inseguro, ondulante y vario; fuego febril, sujeto a accesos e intermitencias que no se apodera de nosotros más que por un lado. En la amistad, por el contrario, el calor es general, igualmente distribuido por todas partes, atemperado; un calor constante y tranquilo, todo dulzura y sin asperezas, que nada tiene de violento ni de punzante.

Espiritualidad / Dios

La espiritualidad es una de las características esenciales del ser humano. Dios constituye un problema constante en la historia de la filosofía. Ninguno de los dos es patrimonio de las religiones. También la filosofía tiene palabras sobre ellos, de manera menos interesada, menos guiada por prejuicios y ausente de normas, credos y dogmas.

Epicuro

Dios es un ser incorruptible y dichoso, no le atribuyas nada extraño a la incorruptibilidad y a la dicha.

No es impío el que rechaza a los dioses, sino el que atribuye a los dioses las opiniones de la gente.

Séneca

La naturaleza, el destino, la suerte: todo esto no son más que nombres del mismo Dios.

Este todo en el que estamos contenidos es un solo ser y Dios, somos sus compañeros y sus miembros.

¿Qué es Dios? El espíritu del universo. ¿Qué es Dios? Todo lo que ves y todo lo que no ves.

¿Cuál es, pues, la diferencia entre la naturaleza de Dios y la nuestra? Que la mejor parte que hay en nosotros es el espíritu; y en él no hay ninguna otra cosa que espíritu.

Sabré que estás libre de toda pasión/codicia/ambición cuando consigas no pedir a Dios sino lo que puedas pedir en alta voz.

¡Qué gran locura tienen ahora los hombres! Susurran a Dios las peticiones más vergonzosas; si algunos los escuchasen, se callarían, y lo que no quieren que sepan los hombres, se lo cuentan a Dios. Mira, vive de manera que no se te pueda decir nada mejor: vive con los hombres como si Dios te viera; habla con Dios como si los hombres te oyeran.

Epicteto

La primera cosa que hay que aprender es: hay un Dios y ejerce su providencia sobre el universo. Es imposible ocultarle no solamente sus acciones, sino inclusive sus intenciones y sus pensamientos.

¿Cuál es la naturaleza de la divinidad? La ciencia, la diligencia, el orden y la razón. Por ello puedes colegir cuál es también la naturaleza de tu verdadero bien, bien que se halla comprendido en ella y solo en ella.

«Una vez que cierren sus puertas, y se hagan las tinieblas en su interior, recuerden no decir nunca que están solos. No lo están, en efecto, sino Dios está al interior de ustedes (...). ¡Desdichado, llevas en ti a un dios y no lo sabes!».

Puesto que nunca estamos solos, puesto que Dios está siempre con nosotros, resulta de esto que «un dios se sienta a la mesa contigo, se mete a la cama, toma parte en la conversación y va al gimnasio» porque hay «comunidad de naturaleza» entre este Dios y cada uno de nosotros. Epicteto llega a decir: «Un dios te nutre... tú nutres a un dios».

Montaigne

Somos cristianos por el mismo mérito que somos perigordianos o alemanes.

Y el estado de un hombre que mezcla con la devoción los actos de una vida execrable, es, desde luego, más digno de censura que el de otro hombre que se mantiene constantemente sumido en toda suerte de disolución.

Desagradable enfermedad la de creerse tan fuerte hasta el extremo de persuadirse de que no se pueden profesar doctrinas contrarias a las propias, y más desagradable aún la persuasión de un tal espíritu que prefiere los beneficios que le procura la práctica de una religión que en su fuero interior condena, a las esperanzas y amenazas de la vida eterna.

Como quiera que invoquemos a Dios en nuestro comercio y sociedad es preciso siempre que se haga seria y religiosamente.

En un pasaje de Jenofonte se lee, si no recuerdo mal, que debemos solo rara vez rogar a Dios, porque no es fácil que con mucha frecuencia nos sea dable hacer que nuestra alma se encuentre dispuesta para la oración, ni que esté en el camino de la enmienda, recogida en completa devoción.

El avaricioso le ruega por la conservación vana y superflua de sus tesoros; el ambicioso por sus victorias y por el triunfo de su pasión; el ladrón le llama en su ayuda para franquear el azar y las dificultades que se oponen a la ejecución de sus viles empresas, o le da gracias por la facilidad con que degolló a un caminante; al pie de la casa que se dispone a escalar o asaltar hace sus oraciones, mientras su intención y su esperanza están impregnadas de crueldad, lujuria o codicia: por eso los pitagóricos querían que las oraciones de cada uno fuesen públicas y que se pronunciaran en alta voz, a fin de que no se pidiese a Dios cosa indecorosa o injusta.

Felicidad

¿No buscamos todos la felicidad? ¿Pensamos todos en qué consiste? Séneca nos proporciona pensamientos muy interesantes sobre ella, y hasta un libro específico *La vida feliz*. Pero resulta objeto de atención por parte de la mayoría de los filósofos, porque remite al objetivo de la vida moral y de la reflexión ética.

Ahora bien, definir en qué consiste la felicidad resulta más complejo. En el capítulo II hemos repasado algunas posiciones y tratado de pensar sobre ella; aquí dejamos estas perlas escogidas de varios de ellos que no nos dejarán indiferentes.

Epicuro

Debemos meditar, por tanto, sobre las cosas que nos reportan felicidad, porque, si disfrutamos de ella, lo poseemos todo y, si nos falta, hacemos todo lo posible para obtenerla.

Publilio

Contra un hombre feliz, un dios apenas tiene fuerza.

Feliz es quien puede morir cuando quiere.

Séneca

¿Qué es la vida feliz? La calma del espíritu y la tranquilidad perpetua.

Necesarios son nuevos favores de la fortuna para conservar la felicidad.

¡Feliz quien desprecia la fortuna!

Desdichado es el que por tal se tiene.

Dichoso el que no lo parece a los otros, sino a sí.

La felicidad no mira de dónde nace, sino de dónde puede llegar.

Aquella se puede llamar felicidad, que con nuestros deseos se mide.

Ninguno si no se compara es desdichado.

La prosperidad que más dura es la que vino despacio.

No hay desgraciado que no halle consuelo con la vista de otro aún más desgraciado.

Yerra el que se aflige porque en algún tiempo ha de tener aflicción.

Epicteto

Si quieres no frustrar tus deseos, tú puedes: solo desear lo que depende de ti. El único amo es el deseo. El verdadero amo de cada uno de nosotros es aquel que tiene el poder de darnos o no, quitarnos o no, lo que deseamos o no. Todo hombre, entonces, que quiere ser libre, no desea y no rechaza nada que dependa de otros, de lo contrario, necesariamente será esclavo.

Acuérdate de que eres actor en una obra teatral, larga o corta, en la que el autor ha querido hacerte entrar. Eres tú quien debe representar el personaje que te ha sido dado, pero es otro quien lo ha elegido.

Tú puedes ser invencible, si no te enganchas en combate alguno cuya victoria no dependa de ti.

Cuídate de, que viendo a alguien colmado de honores, o elevado a un gran poder, o floreciendo de alguna manera, cuídate de, repito, al ser llevado y seducido por tu fantasía, cuídate de creerlo feliz. Una sola vía lleva a esto: el desprecio de todo lo que no dependa de nosotros.

Marco Aurelio

Aunque debieras vivir tres mil años y otras tantas veces diez mil, recuerda que nadie pierde otra vida sino la que vive, y que no vive otra sino la que pierde. Así pues, lo más y lo menos van a un mismo punto. El presente, en efecto, es igual para todos, lo que se pierde es también igual, y lo que se pierde es, evidentemente, un simple instante.

No consumas la vida que te queda en hacer conjeturas sobre otras personas, a no ser que quieras el bien común; porque ciertamente te privas de otra tarea; a saber, al imaginar qué hace fulano y por qué, y qué piensa y qué trama y tantas cosas semejantes que provocan tu aturdimiento, te apartas de la observación de tu guía interior.

No actúes contra tu voluntad, ni de manera insociable, ni sin pensar, ni con contradicciones. Con palabras afectadas no trates de decorar tu pensamiento. No seas extremadamente locuaz ni hagas muchas cosas a la vez. Habite en ti la serenidad, la ausencia de necesidad de ayuda externa y de la tranquilidad que procuran otros. Conviene, pues, mantenerse recto, no enderezado.

Nunca estimes como útil para ti lo que un día te forzará a transgredir un acuerdo, a renunciar al pudor, a odiar a alguien, a mostrarte receloso, a maldecir, a fingir, a desear algo para lo que sean necesarias paredes y cortinas. Porque la persona que prefiere, ante todo, su propia razón, no hace tragedias, no gime, no precisará soledad ni tampoco aglomeraciones de gente. Lo que es más importante: vivirá sin perseguir ni huir.

Desecha, pues, todo lo demás y conserva solo unos pocos preceptos. Recuerda también que cada uno vive exclusivamente el presente, el instante fugaz. Lo demás, o se ha vivido o es incierto. Por tanto, es insignificante la vida de cada uno, e insignificante también el rincончillo de la tierra donde vive. También es pequeña la fama, incluso la que más dura, porque sucede en la memoria de unos hombres que muy pronto morirán, que ni siquiera se conocen a sí mismos ni al que murió.

Se buscan retiros en el campo, en la costa y en el monte. Tú también los deseas. Pero todo eso es de lo más vulgar, porque puedes, en el momento que te apetezca, retirarte en ti mismo. En ninguna parte un hombre se retira con mayor tranquilidad y más calma que en su propio interior; sobre todo aquel que posee en su interior tales bienes que, si se inclina hacia ellos, de inmediato consigue una tranquilidad total.

No actúes en la idea de que vas a vivir diez mil años. La necesidad ineludible pende sobre ti. Mientras vives, mientras es posible, sé virtuoso.

Abarca pocas actividades, si quieres mantener el buen humor. ¿No sería mejor hacer lo necesario y todo cuanto ordena y de la manera que lo ordena la razón? Y no solo es preciso eliminar las actividades innecesarias, sino incluso las imaginaciones. De esta manera, dejarán de acompañarlas actividades superfluas.

Montaigne

La dicha y la desdicha son, a mi entender, dos potencias soberanas. Es imprudente considerar que la humana previsión pueda desempeñar el papel de la fortuna, y vana es la empresa de quien presume abarcar las causas y consecuencias, y conducir por la mano el desarrollo de su obra: vana sobre todo en las deliberaciones de la guerra.

Mi vida ha estado llena de terribles desgracias, la mayoría de las cuales nunca sucedieron.

Las vidas más bellas son, a mi juicio, las que se ajustan al modelo común, con orden y sin milagros. La vejez tiene que ser tratada con la mayor ternura. Recomendémosla a este dios, protector de la salud y la sabiduría, que es, a la vez, dios alegre y social.

Asaltar una brecha, conducir una embajada, gobernar una nación son obras relucientes. Reprender, reír, comprar, vender, amar, odiar y convivir gentilmente y con justicia en su hogar —y con usted mismo—, el no llegar a ser un holgazán o a ser falso consigo mismo, es algo más notable, más raro y más difícil. Sea lo que sea que las personas puedan llegar a decir, tales aisladas vidas sustentan obligaciones que son, al menos, tan fuertes y tan tensas como las de las vidas de los demás.

Placer

El placer ha sido objeto de todo tipo de pareceres a lo largo de la historia. Podría creerse que ya que supone algo agradable, sea apetecido y deseado por todos, pero sobre él han pesado todo tipo de prohibiciones y condenas. La teoría ética de Epicuro se llama hedonismo, palabra que procede del griego y que significa placer. Epicuro habla del placer y lo reivindica como la finalidad de la vida humana. Eso no podía ser admitido por posiciones rigoristas y moralizantes, así que se ocuparon de acusarlo de todo tipo de obscenidades.

Sin embargo, Epicuro traza una teoría fundada y razonada sobre el placer y el dolor, como hemos visto en el capítulo II. Al final de su recorrido, el placer se identifica con la ausencia de dolor y la tranquilidad del alma, pero quizá eso tampoco sea admisible para quienes hacen del dolor instrumento de salvación y mantienen a las almas en eterna zozobra frente al destino, al castigo y al premio de un pretendido final.

Epicuro

Consideremos, además, que de los deseos unos son naturales, otros vanos, y de los naturales, unos son necesarios, otros solo naturales; de los necesarios, unos son necesarios para la felicidad, otros para la ausencia de malestar del cuerpo, otros para el vivir mismo.

Cada placer, por su propia naturaleza, es un bien, pero no hay que elegirlos todos. De modo similar, todo dolor es un mal, pero no siempre hay que rehuir del dolor. Según las ganancias y los perjuicios hay que juzgar sobre el placer y el dolor, porque algunas veces el bien se torna en mal, y otras veces el mal es un bien.

Los alimentos frugales proporcionan el mismo placer que los exquisitos cuando satisfacen el dolor que su falta nos causa, y el pan y el agua son motivo del mayor placer cuando de ellos se alimenta quien tiene necesidad.

Cuando decimos que el placer es la única finalidad, no nos referimos a los placeres de los disolutos y crápulas, como afirman algunos que desconocen nuestra doctrina o no están de acuerdo con ella o la interpretan mal, sino al hecho de no sentir dolor en el cuerpo ni turbación en el alma.

Séneca

Es esclavo de muchas cosas el que es esclavo de su cuerpo.

Debemos comportarnos no como si debiéramos vivir para el cuerpo, sino como que no podemos vivir sin él.

Procura primero la salud del espíritu, después la del cuerpo.

Intenta controlar tu cuerpo y dejar libre tu espíritu.

Que la comida sacie el hambre y la bebida extinga la sed.

Marco Aurelio

Al igual que se tiene un concepto de las carnes y pescados y comestibles semejantes, sabiendo que eso es un cadáver de un pez, aquello cadáver de un pájaro o de un cerdo; y también que el Falerno es zumo de uva, y la toga pretexta lana de oveja teñida con sangre de marisco; y respecto a la relación sexual, que es una fricción del intestino y eyaculación de una secreción acompañada de cierta agitación. De igual modo actúa en el resto de las cosas, y cuando las cosas te dan la impresión de ser demasiado valiosas, desnúdalas y observa su nulo valor, y despójalas de la ficción que hace que tengan ese valor. Pues el orgullo es un terrible engañador de la razón y, sobre todo cuando piensas que te ocupas de cosas serias, entonces te engaña.

Montaigne

Todas las opiniones del mundo convienen en ello: el placer es nuestro fin, aunque las demostraciones que lo prueban vayan por distintos caminos. Si de otra manera ocurriese, se las desdeñaría, desde luego, pues ¿quién pararía mientes en el que afirmara que el designio que debemos perseguir es el dolor y la malandanza?

¿Qué ha hecho el acto genital a los hombres, tan natural, tan necesario y tan justo, para que no se atrevan a hablar de él sin vergüenza?

El ejercicio más fructífero y natural de nuestro espíritu es, a mi juicio, la conversación. Encuentro su práctica más dulce que cualquier otra actividad de nuestra vida.

Las cosas más gratas en el mundo son los pensamientos agradables. El gran arte de la vida consiste en tener tantos de aquellos pensamientos como sea posible.

Quien quisiera que el hombre no conociera el dolor, evitaría al mismo tiempo el conocimiento del placer y reduciría al mismo hombre a la nada.

Todos los placeres y todas las cosas agradables no convienen por igual a toda suerte de gentes.

Dinero / Riqueza

Séneca fue en sus tiempos uno de los hombres más ricos del imperio romano. Sus reflexiones sobre la riqueza, el dinero o la posesión de cosas se encuentran, sin embargo, llenas de sentido común y de desprendimiento de las cosas terrenas. La riqueza y la pobreza también se pueden vivir de diferentes maneras. Según Séneca, se puede ser rico sin depender del dinero, y pobre siempre queriendo y deseando lo que no se tiene o lo poco que se tiene. Comparte con Publilio la visión de que no tanto la riqueza cuanto la avaricia y sus efectos en el ser humano son realmente negativas.

En la «Carta 2 a Lucilio», Séneca expone con precisión su postura:

> *Hoy te voy a contar lo que he encontrado en Epicuro: «Honesta es la alegre pobreza». Ciertamente, no es pobreza si es alegre. No es pobre el que tiene poco, sino el que desea mucho. ¿Qué importa cuánto tienes en el banco, cuánto en tu caja fuerte, cuánta hacienda, cuántos ingresos, si codicias lo ajeno y no atiendes a lo que has conseguido, sino a lo que se desea conseguir aún? Me preguntas cuál es la medida de la riqueza: primero tener lo necesario, después lo bastante.*

Y esta posición respecto a la riqueza será el tono general que recorre la filosofía antigua.

Epicuro

La autarquía la tenemos por un gran bien, no porque debamos siempre conformarnos con poco, sino para que, si no tenemos mucho, con este poco nos baste, pues estamos convencidos de que de la abundancia gozan con mayor dulzura aquellos que mínimamente la necesitan, y que todo lo que la naturaleza reclama es fácil de obtener, y difícil lo que representa un capricho.

Publilio

El avaro es su misma desgracia.

No le puedes desear al avaro peor mal sino que viva mucho.

El avaro no vive, sino quiere mucho.

El avaro siempre tiene motivo para negar.

El avaro no se sacia con ninguna ganancia.

El avaro se lamenta del daño donde no tiene ganancia.

La esperanza al desgraciado, lo material al avaro, la muerte al mísero lleva.

Séneca

Con facilidad se adquiere lo preciso para la vida.

Desdichado es el que por tal se tiene.

Mucho falta al que mucho tiene.

Ninguno vive tan pobre, que más no naciese.

El primer grado de las riquezas es tener lo preciso, y el segundo lo que basta.

En poca cosa nos mete el hambre, y en mucha el hastío.

Pequeños son los deseos de nuestro cuerpo.

Para nuestra avaricia, lo mucho es poco, y para nuestra necesidad, lo poco es mucho.

Por rico se puede tener el que con la pobreza bien se aviene.

Con más seguridad seríamos ricos si conociésemos el poco trabajo que hay en ser pobres.

Epicteto

No es razonar con coherencia decir: «Soy más rico que tú, por lo tanto soy mejor que tú; soy más brillante que tú, entonces soy superior a ti». Para razonar más coherentemente es preciso decir: «Soy más rico que tú pues mis bienes son mayores que los tuyos; soy más brillante que tú, pues mis discursos tienen mayor valor que los tuyos». Ya que tú no eres, ciertamente, ni riqueza ni elocución.

Marco Aurelio

Lo que no beneficia al enjambre, tampoco beneficia a la abeja.

Recibir sin orgullo, desprenderse sin lamento.

A la piedra arrojada hacia lo alto, ni la perjudica el descenso ni el ascenso.

Montaigne

Cada uno de nosotros es más rico de lo que se imagina; sin embargo, se nos amaestra en el arte de pedir prestado y mendigar; nos enseñan a servirnos de los otros más que de nosotros mismos.

La pobreza de bienes es fácilmente remediable, mas la del alma es irreparable.

Lo más maravilloso del mundo es saber cómo pertenecer a uno mismo.

No existe lucro ni provecho sino a costa de otro; de modo que en buena cuenta habría que condenar toda clase de ganancias.

Sentido de la vida

La casualidad, el destino, saber aceptar lo que nos llega y, sobre todo, aceptar la muerte, son algunos de los motivos más importantes de Epicuro y de las doctrinas estoicas representadas aquí por Séneca, Marco Aurelio, Epicteto y también, siglos después, por Montaigne. Y suponen siempre un buen motivo de reflexión.

Al fin y al cabo, si dotamos de sentido a la vida, esta se completa, mientras que una vida sin él semeja a un barco perdido en la inmensidad del océano, a merced de las olas, con riesgo de ir a pique, porque así ni siquiera nos permitimos disfrutar de las maravillas del mar.

Quien da sentido a la vida de manera perfecta, el ideal humano, se encuentra representado en el sabio, que sería quien ha alcanzado la plenitud de la virtud y vive la vida con la intensidad y pasión adecuadas. Sobre esto hemos reflexionado en el capítulo XII; ahora traemos algunas ideas de nuestros filósofos sobre este asunto para que su voz amiga nos abra caminos

Epicuro

Ha de recordarse que el futuro ni es completamente nuestro ni completamente no nuestro, a fin de que no lo esperemos con total certeza como si tuviera que ser, ni desesperemos de él como si no tuviera que ser en absoluto.

El que exhorta al joven a una buena vida y al viejo a una buena muerte es un insensato, no solo por las cosas agradables que la vida comporta, sino porque la meditación y el arte de vivir y de morir bien son una misma cosa.

El principio de todo esto y el bien máximo es el juicio, y por ello el juicio —de donde se originan las restantes virtudes— es más valioso que la propia filosofía, y nos enseña que no existe una vida feliz sin que sea al mismo tiempo juiciosa, bella y justa, ni es posible vivir con prudencia, belleza y justicia sin ser feliz. Pues las virtudes son connaturales a una vida feliz, y el vivir felizmente se acompaña siempre de virtud.

Y el sabio no considera la fortuna como una divinidad —tal como la mayoría de la gente cree—, pues ninguna de las acciones de los dioses carece de armonía, ni tampoco como una causa no fundada en la realidad, ni cree que aporte a los hombres ningún bien ni ningún mal relacionado con su vida feliz, sino solamente que la fortuna es el origen de grandes bienes y de grandes calamidades. El sabio cree que es mejor guardar la sensatez y ser desafortunado que tener fortuna con insensatez. Lo preferible, ciertamente, en nuestras acciones, es que el buen juicio prevalezca con la ayuda de la suerte.

Estos consejos, y otros similares, medítalos noche y día en tu interior y en compañía de alguien que sea como tú, y así nunca, ni estando despierto ni en sueños, sentirás turbación, sino que, por el contrario, vivirás como un dios entre los hombres. Pues en nada se parece a un mortal el hombre que vive entre bienes imperecederos.

Publilio

Todo lo que nos llega por casualidad, nos es ajeno.

Lo que hicieras a otro, espéralo de otro.

A todos puede suceder lo que le sucede a alguno.

Séneca

El que aconseja que se piense en la muerte, la libertad aconseja.

Aunque la edad de algunos fue imperfecta, su vida perfecta fue.

Cada día debemos juzgarlo una nueva vida.

Muy amable es la vida, cuando todos la desean.

Necesaria es la experiencia para saber cualquier cosa.

No hay cosa que mucho agrade al que en ninguna tiene asiento.

No todas las cosas están bien a todos.

Los males dudosos atormentan más.

Sin razón se queja del mar el que otra vez navega.

En ninguna parte está el que en todas está.

Nunca es tarde para vivir bien.

Esperanza es nombre de un bien dudoso.

Lo que a uno puede acontecer, puede acontecer a todos.

Todo lo que de nuestra edad queda atrás, la muerte lo tiene.

En lo hondo, no solamente está lo poco, sino también lo peor.

No quiere el enfermo médico elocuente, sino que le sane.

Quien de verdad quiere ser bueno, lo será.

Epicteto

Acusar a los otros por nuestros fracasos es de ignorantes; no acusar más que a sí mismo es de hombres que comienzan a instruirse; y no acusar ni a sí mismo ni a los otros, es de un hombre ya instruido.

No pidas que las cosas lleguen como tú las deseas, sino deséalas tal como lleguen y prosperarás siempre.

Recuerda que no es ni quien lanza injurias ni quien golpea lo ultrajante, sino que la opinión, de injuriosas, que te has hecho de estos (acciones y agentes de la acción) es lo que las hace ver como de gentes de quienes has recibido ultraje. Cuando alguien, entonces, te ofenda e irrite, sábelo que no es ese alguien quien te irrita, sino tu opinión.

Cuando vas al astrólogo, recuerda que tú ignoras el futuro, y que vas a aprehenderlo. Pero también recuerda, si eres filósofo, que vas a consultar aquello que de ti depende, pues, de lo que no depende de ti, es desde todo punto necesario que para ti no sea ello, ni un bien ni un mal.

Marco Aurelio

Al amanecer, piensa esto antes de nada: me encontraré con un indiscreto, un ingrato, un insolente, un mentiroso, un envidioso, un insociable. Esto les pasa porque ignoran los bienes y los males. Pero yo, que he observado que la naturaleza del bien es lo bello, y que la del mal es lo vergonzoso, y que la naturaleza del pecador mismo es semejante a la mía porque participa, no de la misma sangre o de la misma semilla, sino de la inteligencia y de lo que somos, no puedo recibir daño de ninguno de ellos, pues ninguno me avergonzará. Hemos nacido para colaborar, al igual que los pies, las manos, los párpados, los dientes superiores e inferiores. Obrar, pues, como adversarios los unos de los otros va en contra de la naturaleza.

Aunque debieras vivir tres mil años y otras tantas veces diez mil, recuerda que nadie pierde otra vida sino la que vive, y que no vive otra sino la que pierde. Así pues, lo más y lo menos van a un mismo punto. El presente, en efecto, es igual para todos, lo que se pierde es también igual, y lo que se pierde es, evidentemente, un simple instante.

No actúes contra tu voluntad, ni de manera insociable, ni sin pensar, ni con contradicciones. Con palabras afectadas no trates de decorar tu pensamiento. No seas extremadamente locuaz, ni hagas muchas cosas a la vez. Habite en ti la serenidad, la ausencia de necesidad de ayuda externa y de la tranquilidad que procuran otros. Conviene, pues, mantenerse recto, no enderezado.

Se buscan retiros en el campo, en la costa y en el monte. Tú también los deseas. Pero todo eso es de lo más vulgar, porque puedes, en el momento que te apetezca, retirarte en ti mismo. En ninguna parte un hombre se retira con mayor tranquilidad y más calma que en su propio interior; sobre todo aquel que posee en su interior tales bienes, que si se inclina hacia ellos, de inmediato consigue una tranquilidad total.

No actúes en la idea de que vas a vivir diez mil años. La necesidad ineludible pende sobre ti. Mientras vives, mientras es posible, sé virtuoso.

Abarca pocas actividades, si quieres mantener el buen humor. ¿No sería mejor hacer lo necesario y todo cuanto ordena y de la manera que lo ordena la razón? Y no solo es preciso eliminar las actividades innecesarias, sino incluso las imaginaciones. De esta manera, dejarán de acompañarlas actividades superfluas.

No sigas discutiendo ya sobre qué tipo de cualidades debe reunir el hombre bueno, sino trata de serlo.

Montaigne

La cosa más grande del mundo es saber ser autosuficiente.

No existe el presente: lo que así llamamos no es otra cosa que el punto de unión del futuro con el pasado.

Prohibir algo es despertar el deseo.

Yo no me encuentro a mí mismo cuando más me busco. Me encuentro por sorpresa cuando menos lo espero.

La grande y gloriosa obra maestra del hombre es vivir de modo conveniente. Todo lo demás, reinar, atesorar, edificar, no son más que pequeños apéndices y adminículos a lo sumo.

Nada hay en esta nación que sea bárbaro y salvaje, por lo que me han contado, sino que cada cual llama «barbarie» a aquello a lo que no está acostumbrado.

Ha de tener, quien pueda, mujer, hijos y bienes; mas sin atarse a ellos de forma que su destino de ellos dependa. Hemos de reservarnos una trastienda muy nuestra, libre, en la que establezcamos nuestra verdadera libertad y nuestro principal retiro y soledad. En ella se ha de tener ordinaria charla con uno mismo y tan privada que ninguna relación o comunicación extraña halle en ella lugar…

Nuestra vida es en parte locura y en parte prudencia. Quien no escribe más que reverentemente y regularmente deja de escribir la mitad de las cosas. Yo no me excuso ante mí, pues si tal hiciera, sería por el hecho de hacerlo más que por ningún otro motivo. Me excuso, en fin, solo ante las posturas que son más fuertes en número que las que a mi lado están.

Pero yo opino que (la muerte) es más bien el término que la meta de la vida; es su fin, su finalidad, y no su objeto, por tanto.

Había visto que la mayoría de las opiniones de los antiguos convenían en esto: que es hora de morir cuando vivir reporta mayor mal que bien; y que es ir contra las propias leyes de la naturaleza el conservar la vida para tormento e insatisfacción nuestras, como dicen estas antiguas reglas: «O una vida tranquila, o una muerte feliz. Es bueno morir cuando la vida es molesta. Vale más no vivir que vivir desgraciado.

Si habéis aprovechado la vida estáis saciados, idos satisfechos. Si no habéis sabido hacer uso de ella, si os era inútil, ¿qué se os va en haberla perdido? ¿Para qué la queréis todavía? No es la vida de por sí ni buena ni mala: el bien y el mal dependen del sitio que les hagáis».

Vida / Muerte

Al fin y al cabo, aquí se encuentra el núcleo de nuestras inquietudes. Platón dejó escrita una frase en su diálogo el Fedón que ha recorrido toda la historia de la filosofía y del pensamiento humano: *«los que filosofan en el recto sentido de la palabra se ejercitan en el morir»*. A veces se traduce también como que la *filosofía es preparación para la muerte*. Y no es extraño encontrarla repetida de varias maneras en los más diversos sentidos en otros filósofos y escritos.

Pero, al menos para la filosofía antigua, la muerte resulta inseparable de la vida, y como tal la piensan. Séneca nos dice en la «Carta 30 a Lucilio»: *Tan necio es temer a la muerte como temer a la vejez, porque la muerte sigue a la vejez como la vejez sigue a la juventud. El que no quiere morir es que no quiere vivir. La vida se da con la condición de la muerte.* Ese continuo entre la vida y la muerte prosigue incluso más allá de la vida: *Y si te asalta un deseo grande de la vida, piensa que no se acaba nada de lo que desaparece de la vista y es reasumido de nuevo por la naturaleza.*

Platón pensaba que las almas eran preexistentes e inmortales. Que pasado el trámite de la vida volvían al mundo de las Ideas. La vida consistía en un paso por el mundo que ocupaba a las almas durante un periodo no definitivo del que incluso deseaban salir para volver a su mundo. Esta opinión influyó grandemente en el cristianismo.

Las reflexiones de estos filósofos sobre la vida y la muerte nunca dejan indiferente.

Epicuro

Acostúmbrate a considerar que la muerte no es nada en relación a nosotros. Porque todo bien y todo mal está en la sensación; ahora bien, la muerte es privación de sensación.

Pues aquello cuya presencia no nos atribula, al esperarlo nos hace sufrir en vano. Así, el más terrorífico de los males, la muerte, no es nada en relación a nosotros, porque, cuando nosotros somos, la muerte no está presente, y cuando la muerte está presente, nosotros no somos más.

El que exhorta al joven a una buena vida y al viejo a una buena muerte es un insensato, no solo por las cosas agradables que la vida comporta, sino porque la meditación y el arte de vivir y de morir bien son una misma cosa.

Séneca

La muerte está más allá de todo mal, más allá de todo miedo al mal.

Es morir bien, morir voluntariamente.

No murió temprano el que no había de vivir más de lo que vivió.

Nadie aceptaría la vida si al tiempo de recibirla tuviese entendimiento.

Ninguno muere sino a su tiempo.

La muerte está siempre a la misma distancia.

No consiste la felicidad de nuestra vida en vivir, sino en vivir bien.

No se puede asegurar la existencia de un solo día.

Muchos acabaron la vida antes de empezar a vivir.

La muerte está en todas partes.

Uno y otro es cobardía, querer y no querer morir.

El que aconseja que se piense en la muerte, la libertad aconseja.

Aunque la edad de algunos fue imperfecta, su vida perfecta fue.

El que llamas muerto, no murió, mas partió primero.

Cada día debemos juzgarlo una nueva vida.

Muy amable es la vida, cuando todos la desean.

Si te sabes aprovechar de la vida, larga es.

No hay que intentar vivir mucho, sino lo suficiente.

Todos pueden conseguir vivir bien, ninguno mucho tiempo.

La vida es larga, si está llena.

Epicteto

De cada una de las cosas, ten presente lo que cada una es. Si te gusta un jarrón de barro, di a ti mismo, es un jarrón de barro, y si se rompe, no te molestarás. Si amas a tu mujer, a tu hijo, di a ti mismo que amas a un ser mortal, y si muere, no te turbarás.

Lo que turba a los hombres no son las cosas, sino las opiniones que de ellas se hacen. Por ejemplo, la muerte no es algo terrible, pues, si lo fuera, a Sócrates le hubiera parecido terrible.

Marco Aurelio

Aunque debieras vivir tres mil años y otras tantas veces diez mil, recuerda que nadie pierde otra vida sino la que vive, y que no vive otra sino la que pierde. Así pues, lo más y lo menos van a un mismo punto. El presente, en efecto, es igual para todos, lo que se pierde es también igual, y lo que se pierde es, evidentemente, un simple instante.

No consumas la vida que te queda en hacer conjeturas sobre otras personas, a no ser que quieras el bien común; porque ciertamente te privas de otra tarea; a saber, al imaginar qué hace fulano y por qué, y qué piensa y qué trama y tantas cosas semejantes que provocan tu aturdimiento, te apartas de la observación de tu guía interior.

Desecha, pues, todo lo demás y conserva solo unos pocos preceptos. Recuerda también que cada uno vive exclusivamente el presente, el instante fugaz. Lo demás, o se ha vivido o es incierto. Por tanto, es insignificante la vida de cada uno, e insignificante también el rincончillo de la tierra donde vive. También es pequeña la fama, incluso la que más dura, porque sucede en la memoria de unos hombres que muy pronto morirán, que ni siquiera se conocen a sí mismos ni al que murió.

No actúes en la idea de que vas a vivir diez mil años. La necesidad ineludible pende sobre ti. Mientras vives, mientras es posible, sé virtuoso.

Montaigne

La vida no es en sí ni un bien ni un mal, sino el lugar del bien o del mal, según que el hombre practique lo uno o lo otro.

De todos los beneficios que nos reporta la virtud, uno de los más grandes es el desprecio a la muerte.

La muerte no os concierne ni vivo ni muerto: vivo, porque sois; muerto, porque ya no sois.

No mueres de estar enfermo, mueres de estar vivo.

Nos enseñan a vivir cuando nuestra vida ha pasado.

La premeditación de la muerte es premeditación de la libertad. El que aprende a morir, aprende a no servir. El saber morir nos libera de toda atadura y coacción. No existe mal alguno en la vida para aquel que ha comprendido que no es un mal la pérdida de la vida.

A todos los atrapa como si acabaran de nacer; además no hay ningún hombre, por decrépito que sea, que acordándose de Matusalén no piense tener por lo menos todavía veinte años en el cuerpo. Pero ¡oh pobre loco!, ¿quién ha fijado el término de tu vida? ¿Acaso te fundas, para creer que sea larga, en el dictamen de los médicos? Más te valiera fijarte en la experiencia diaria. A juzgar por la marcha común de las cosas, tú vives por gracia extraordinaria; has pasado ya los términos acostumbrados del vivir. Y para que te persuadas de que así es la verdad, pasa revista entre tus conocimientos, y verás cuántos han muerto antes de llegar a tu edad; muchos más de los que la han alcanzado, sin duda. Y de los que han ennoblecido su vida con el lustre de sus acciones, toma nota, y yo apuesto a que hallarás muchos más que murieron antes que después de los treinta y cinco años. Es bien razonable y piadoso tomar ejemplo de la humanidad misma de Jesucristo, que acabó su vida a los treinta y tres años. El hombre más grande, pero que fue solo hombre, Alejandro, no alcanzó tampoco mayor edad. ¡Cuántos medios de sorprendernos tiene la muerte!

Había visto que la mayoría de las opiniones de los antiguos convenían en esto: que es hora de morir cuando vivir reporta mayor mal que bien; y que es ir contra las propias leyes de la naturaleza el conservar la vida para tormento e insatisfacción nuestras, como dicen estas antiguas reglas: «O una vida tranquila, o una muerte feliz». «Es bueno morir cuando la vida es molesta». «Vale más no vivir que vivir desgraciado».

VI. LA CONSOLACIÓN DE LA FILOSOFÍA

Entre los años 523 y 524, en la cárcel, un filósofo llamado Boecio escribió un libro con el título de este capítulo: «La consolación de la filosofía». Buscaba consuelo en la filosofía debido a su situación y en previsión de su futuro ajusticiamiento, como de hecho ocurrió.

Boecio nació hacia 480. Fue cónsul de Roma en 510. Tradujo las obras lógicas de Aristóteles y comentó a este mismo y a Cicerón. Escribió también sobre lógica y otras cuestiones filosóficas. Se le ha llegado a llamar «el último romano».

En 520 llegó a ser primer ministro de Teodorico, rey de los ostrogodos, pero poco después cayó en desgracia, sin que se sepa muy bien por qué, aunque parece estar relacionado con cuestiones religiosas y la prohibición del arrianismo, una herejía cristiana que afirma que Cristo no es dios. También le acusaron falsamente de sacrilegio por practicar magia.

Fue encarcelado en Pavía y ejecutado. Durante su estancia en la cárcel escribió esta obra. En ella, se le aparece la Filosofía en forma de mujer y mantiene con él un diálogo en el que pone en evidencia su manera de afrontar la vida, su manera de vivir la fortuna y la desgracia, sus inquietudes y soluciones desde una perspectiva estoica. La Filosofía le muestra lo mudable que es la Fortuna, la suerte de cada uno, y cómo hacer para sobrellevarla.

Voy a presentarle a continuación una adaptación de ese diálogo entre Boecio y la Filosofía. Propone ideas y reflexiones muy interesantes sobre nosotros mismos, sobre nuestras actuaciones y decisiones y la manera en que se podrían hacer de otra forma aplicando la razón.

BOECIO: En mi juventud, todo parecía sonreír a mi alrededor, tenía cargos, escribía poesía y era feliz. Ahora, todo se derrumba y la vejez precipita sus pasos sobre mí.

Antes me halagó la Fortuna, pero ahora, de repente, han caído sobre mí todas las desgracias.

FILOSOFÍA: ¡Cómo se agita tu mente en el fondo del abismo en que está sumergida! Durante un tiempo gozaste de todo lo mejor. Tenías libertad, conocías los secretos del cielo y de la tierra, escribías libros, poemas, ensayos.

Ahora, ciertamente, vives otra situación, pero no es tiempo de lamentos, sino de poner remedio. Si hubieras utilizado las armas que yo te di, no estarías ahora así.

BOECIO: Yo estaba callado, mudo y aturdido. No entendía lo que estaba pasando y comencé a llorar.

FILOSOFÍA: Me parece que no es grave lo que sufres, solo un letargo, la enfermedad de todos los desengañados. Te limpiaré los ojos con mi vestido.

BOECIO: Ella me limpió los ojos con su vestido y de repente comencé a ver con claridad y mis ojos recuperaron el vigor. Reconocí a quien me hablaba, a mi antigua nodriza, a la Filosofía. ¿Eres tú.., has venido a ayudarme en esta soledad y tristeza?

FILOSOFÍA: No te podía dejar solo, yo misma sufro persecución y sé lo que es el sufrimiento. Anaxágoras murió defendiéndome, Zenón fue torturado por mí, Sócrates murió en mi defensa, Giordano Bruno será quemado por amarme… Muchas y fuertes tempestades azotan a los que aman a la Filosofía, ya que nuestro objetivo es no agradar a los peores.

Ni la furia del mar embravecido con olas como montañas, ni el rugido de un volcán que lanza la ira de la tierra hasta el cielo podrán conmover al hombre equilibrado y formado en la filosofía.
Nada esperes, nada temas y dejarás desarmado al enemigo más arrogante y enfurecido.

BOECIO: ¿Acaso no te da pena mi terrible situación? ¿No me compadeces?
¿Acaso era mi vida como ahora cuando empecé a seguir tus consejos? Actué lo mejor que pude, sin dejarme arrastrar por la envidia ni la avaricia. ¿Qué esperanza me queda ahora? Ya ves cuál ha sido el destino de mi inocencia, verme arrastrado a la cárcel y condenado a muerte.
Cuando terminé este lamento, la Filosofía, con semblante sereno, me respondió.

FILOSOFÍA: Al verte en este estado supe que eras un desterrado, pero de no oírte, no hubiera adivinado qué largo y duro es tu destierro.
Tu espíritu está alterado por un tumulto de afectos y pasiones, descarriado de mil maneras por el dolor. Comencemos por remedios suaves que puedan aliviarte.
No busques rosas en diciembre ni intentes vendimiar en primavera. Precipitar el curso de las cosas no conduce a un final feliz.
¿Me permites que te pregunte y me responderás con sinceridad?

BOECIO: Ciertamente, y te contestaré siempre la verdad.

FILOSOFÍA: ¿Piensas que nuestro mundo es movido por el ciego azar o que tiene una dirección inteligente?

BOECIO: No creo que un conjunto tan bien ordenado funcione al azar.

FILOSOFÍA: Dices bien, pero solo los hombres piensan que puede funcionar al azar. ¿Y sabes de qué medios se sirve esa inteligencia?

BOECIO: No te comprendo.

FILOSOFÍA: Ya había observado que tienes como un vacío, que hay en ti una oquedad por donde han entrado en tropel todas las pasiones que te ciegan y te impiden ver la finalidad de todas las cosas. ¿Podrías explicarme qué es el hombre?

BOECIO: Un ser racional y mortal.

FILOSOFÍA: ¿Y estás seguro de que no eres otra cosa?

BOECIO: Seguro.

FILOSOFÍA: Ahora comprendo que hay otra causa más grave y profunda de tu mal: que no sabes quién eres.

Sí, te ha cegado el olvido de ti mismo, por eso te quejas de tu situación y de la pérdida de tus bienes.

Por eso crees poderosos y felices a los malvados.

Pero queda en ti un ascua con la que avivaremos el fuego que te podrá salvar.

Los astros no pueden difundir su luz si están velados por una nube. El océano no se calma si es agitado el furioso viento. El torrente bravío de la montaña no progresa si se le interpone una presa en su curso.

Igualmente tú, si quieres contemplar la verdad en todo su esplendor, tienes que apartar de ti las vacías alegrías. Aleja tu corazón del temor, desecha la esperanza, ahuyenta el dolor. Todo eso es una plomiza niebla sobre el espíritu, al que atan con cadenas pesadas.

BOECIO: Después de esto, la Filosofía guardó silencio unos instantes, lo que despertó mi atención.

FILOSOFÍA: Lo que aterra y tortura tu alma no es tanto la situación actual: encarcelado, solo, condenado, pobre, cuanto que deseas tu anterior situación con vehemencia.

Así actúa la Fortuna, esa hechicera que acaricia con dulces caricias a quienes pretende burlar, a los que abandona de repente y los sume en espantosa desolación.

Mira atentamente: ni has tenido ni has perdido gran cosa, aunque reconozco que todo cambio repentino en las cosas conlleva cierta fluctuación de los ánimos.

¿Crees que la Fortuna ha cambiado contigo…? Te equivocas.

Ella siempre ha mantenido el mismo carácter, siempre ha sido constante en su inconstancia. La que te acariciaba y seducía es la misma que te abandona. Lo que pasa es que has descubierto su doble rostro. Si aprobaste su manera de ser y actuar, acéptala sin quejas. Te ha traicionado de quien nada puedes esperar sino traición.

Nadie tiene seguridad de su situación presente.

Nadie tiene seguridad de la duración de lo presente.

Te lo diré claro: es necesario soportar con ánimo firme e igual todos los acontecimientos que procura la Fortuna, si aceptas obedecerla. Tu disgusto solo hace más penosa una situación que no puedes cambiar.

Nunca es rico quien con lamentos y quejas se juzga en la miseria.

FORTUNA: Cuando naciste te recogí desnudo, desamparado, te hice vivir, podría haberte dejado morir, te dejé crecer, convertirte en hombre. Te he dado riquezas, honores. ¿Acaso no me conocías, no sabías cómo actuaba yo? Aceptaste cuanto te di sabiendo que eran préstamos. ¿De qué te quejas si hasta ahora has aceptado todo lo que te dejé? En nada te engañé yo.

FILOSOFÍA: Lo único inmutable en el universo es la eterna inconstancia de las cosas.

BOECIO: Ciertamente reconozco que antes vivía próspero y rico, pero eso precisamente hace más penosa mi situación, porque he conocido la felicidad y comparo esto con lo que tuve.

FILOSOFÍA: Pero queda lo más valioso de lo que tuviste, tu mujer, tu suegro ilustre, tus hijos…

¿Quién es tan absolutamente feliz que no pueda poner la menor pega a su vida? Nadie está contento con su suerte. Y cuanto más felices, más exigentes.

Lo que llamáis desgracias solo existen en vuestra imaginación. Lo que es destierro para unos, es su hogar para otros. Incluso algunos han buscado la felicidad en la muerte y en el dolor.

Será feliz el que recibe tanto lo bueno como lo malo con ánimo sereno.

¿Por qué buscáis fuera la felicidad que está dentro de vosotros?

Os encantan el oro y los diamantes, pero ¿qué cosa inerte, carente de vida, puede parecer hermosa a un ser vivo y dotado de razón? Siempre estará por debajo de un ser humano. El paisaje, el mar, las flores, el sol, el cielo, la riqueza, los honores, todo está fuera de ti.

Resulta extremadamente llamativo que un ser casi divino por su razón, vivo e inteligente, imagine que no puede ser feliz sin la posesión de cosas inertes ajenas y exteriores a él.

Todos los seres se contentan con su bien propio. Y la fama, las dignidades, honores, premios, galardones, agasajos, ¿qué añaden a lo que eres?

Las necesidades de la naturaleza se llenan con pocas cosas.

Las riquezas no pueden evitar que falte alguna cosa. ¡Qué feliz sería el género humano si la armonía que gobierna todo gobernara sus corazones!

BOECIO: Ya veo que ninguna cosa ajena pueda darme la auténtica felicidad. Dime, maestra, dónde encontrarla.

FILOSOFÍA: Lo que os hace felices es llegar a la divinidad. El justo llega a serlo por la adquisición de la justicia, el sabio, por la sabiduría. El que alcanza la divinidad se convierte en Dios.

Todo se desea por el bien que produce, no por la cosa que lo causa. El bien es el objeto de deseo de los humanos. Todos los hombres aspiran al bien. El bien es el fin universal.

El que se aparta del bien deja de ser humano, vive como los animales. Quien abandona la virtud deja de ser hombre e, incapaz de ser Dios, se convierte en bestia.

BOECIO: Te entiendo cada vez mejor. Dime cómo tengo que hacer.

FILOSOFÍA: Vuestro corazón debe sostener una lucha constante contra la Fortuna: si es buena, para no dejaros seducir; si es mala, para que no os arrastre.

De vosotros depende cuál será vuestra suerte, e incluso la mala ejercita o corrige o castiga.

Si no queréis engañaros a vosotros mismos, que sean vuestras leyes supremas la integridad y la honradez.

Está despejado el camino a la honradez y a la verdad, pero seguirlo requiere un ánimo constante y fuerte que se ejercita cada día.

Sigue mis consejos y ni la cárcel ni el destierro ni la muerte te vencerán. Tú prevalecerás sobre todo lo que te suceda.

ÚLTIMOS CONSEJOS

No quiero escribir una conclusión ni una despedida, porque este libro intenta proporcionar un comienzo, un inicio o una continuación en el camino siempre abierto de la meditación, de la filosofía, del desarrollo personal.

Por eso, en vez de hacer una conclusión al uso, le voy a proponer diez aforismos propios para que le sirvan como jalones en este camino que le he propuesto.

1. Lo que más recordamos acontece más.
2. El futuro contiene una especie de vértigo que se cura en el futuro.
3. Las personas, soñando ser, se olvidan de ser.
4. La crueldad con otros nace de la inseguridad propia.
5. Quien duda, aprende; quien cree, fantasea.
6. Nadie ve su propio rostro.
7. Nada sucede al azar, el azar tampoco.
8. Lo grande y lo pequeño dependen de un punto de vista.
9. Por la noche florecen la oscuridad y el miedo que se cultivaron durante el día.
10. Tienes tiempo para lo que quieres tener tiempo.

BIBLIOGRAFÍA

BOECIO, *La consolación de la filosofía*, Alianza, 2015.

BOTTON, A., *Las consolaciones de la filosofía*, Gredos, 2013.

COPLESTON, F., *Historia de la filosofía. Volumen I: De la Grecia Antigua al mundo cristiano*, Ariel, 2011.

EPICTETO, *Manual*, Gredos, 2021.

GARCÍA GONZÁLEZ, J.M., *El libro de oro de Séneca*, Amat, 2015.

-*Manual de filosofía práctica para tu día a día*, Arcopress, 2018.

HADOT, P., *La Ciudadela Interior*, Alpha-Decay, 2013.

HAZLITT, F., *La sabiduría de los estoicos: Selecciones de Séneca, Epicteto y Marco Aurelio*, autopublicación, 2019.

HOLIDAY, R., *The Obstacle Is The Way*, Profile Books, 2015.

MARCO AURELIO, *Meditaciones*, EDAF, 2020.

MARINOFF , L., *Más Platón y menos Prozac*, De Bolsillo, 2021.

MONTAIGNE, M., *Ensayos completos*, Cátedra, 2013.

PIGLIUCCI, M., *Cómo ser un estoico*, Ariel, 2018.

PUBLILIO SYRO, *Sentencias De P. Siro, D. Laberio, Séneca y de algunos otros antiguos*, Nabu Press, 2012.

RIST, J.M., *La filosofía estoica*, Ariel, 2017.

SALZGEBER, J., *The Little Book of Stoicism*, Salzgeber, 2019.

SÉNECA, *La vida feliz*, Gredos 2020.

-*Cartas a Lucilio*, Cátedra, 2018.

STONES D., *Estoicismo: El arte de vivir*, 2020.

WARBURTON, N., *Una pequeña historia de la filosofía*, Galaxia, 2013.